Anselm Grün

Spiritualität
und
Lebenskunst

Spiritualität und Lebenskunst

Anselm Grün begegnen

Vier-Türme-Verlag

Bibliografische Information der Deutschen Nationalbibliothek

Die Deutsche Nationalbibliothek verzeichnet diese Publikation in der Deutschen Nationalbibliografie. Detaillierte bibliografische Daten sind im Internet über http: //dnb. d-nb. de abrufbar.

1. Auflage 2019

Lektorat: Marlene Fritsch
Umschlaggestaltung: Stefan Weigand, wunderlichundweigand
Umschlagfoto: David-W- / photocase.de
Druck und Bindung: CPI Books GmbH, Leck
ISBN 978-3-7365-0271-0

www. vier-tuerme-verlag. de

INHALT

Vorwort

Spiritualität, verstanden als Leben aus dem Geist, ist nichts Abstraktes. Sie will uns vielmehr die Kunst des gesunden Lebens lehren. In der Antike war das die wichtigste Aufgabe des Arztes, nicht etwa, Kranke zu heilen. Der Evangelist Lukas, der die griechische Philosophie und Medizin gut kannte, schildert uns Jesus daher auch als den *archegos tes zoes*, als den »Anführer zum Leben«, oder, wie man auch übersetzen könnte: als den »Anleiter zum gelingenden Leben«. Lukas galt selbst als Arzt. Er beschreibt in seinem Evangelium Jesus als das Urbild dieses Berufs. Jesus erfüllt die griechische Sehnsucht nach dem wahren Arzt, nach dem, der uns die Kunst des gesunden Lebens zu lehren vermag, der uns aufzeigt, wie wir so leben können, dass es unserem wahren Wesen entspricht.

Die Kunst des gesunden Lebens besteht darin, dass wir unserem Wesen gerecht leben, also unserem Geist, unserer Seele und unserem Leib gerecht werden. Lukas schildert Jesus ebenfalls als den wahrhaft gerechten Menschen, von dem Platon 400 Jahre vor Christus in seiner Schrift »Politeia« spricht. Unter dem Kreuz bekennt daher der römische Hauptmann, »dass Jesus wirklich ein gerechter Mensch« war (Lukas 23,47). Jesus zeigt am Kreuz seine Gerechtigkeit darin, dass er sich auch von den äußeren Umständen nicht von seinem inneren Selbst losreißen lässt, dass er sich auch von seinen Mördern nicht zu einem unrechten Wort hinreißen lässt, sondern sogar noch für sie betet. Die Gerechtigkeit – wie Platon sie versteht – ist die

Grundtugend des Menschen. Wer seinem Wesen gerecht wird, der verwirklicht die Kunst des gesunden Lebens.

Diese Kunst besteht für Lukas auch darin, dass wir den Worten Jesu folgen. Jesus will von uns, dass wir sorgfältig mit den Dingen der Welt umgehen (vgl. Lukas 16,10–12). Daran zeigt sich letztlich, ob wir spirituell sind oder nicht. Spiritualität ist für Lukas immer etwas ganz Konkretes. Das wird in dem Gleichnis deutlich, das uns nur in seinem Evangelium überliefert wird: das vom »unnützen Sklaven« (Lukas 17,7–10). Es ist auf den ersten Blick ärgerlich, wenn Jesus da sagt: »Bedankt er (der Herr) sich etwa bei dem Sklaven, weil er getan hat, was ihm befohlen wurde?« (Lukas 17,9). Er folgert daraus für uns, dass wir zu uns sagen sollen: »Wir sind unnütze Sklaven, wir haben nur unsere Schuldigkeit getan« (Lukas 17,10). Man könnte den letzten Satz so deuten: Spiritualität heißt, einfach das zu tun, was wir uns selbst schuldig sind, was wir dem Augenblick und was wir Gott schulden. Oder wir können es noch nüchterner ausdrücken: Spiritualität besteht darin, einfach das zu tun, was »dran« ist, was der Augenblick verlangt. Spiritualität ist also auch heute etwas ganz Konkretes.

Leider benutzen manche Spiritualität dazu, um dem Leben aus dem Weg zu gehen. Sie meditieren lieber, als auf den Anruf des Augenblicks zu hören, als sich dem konkreten Menschen zuzuwenden, der an die Tür ihres Herzens klopft. Sie flüchten lieber in fromme Gefühle, als sich auf den Alltag mit seinen Herausforderungen einzulassen. In all meinen Schriften war es mir immer ein Anliegen, die Spiritualität mit dem Alltag zu verbinden, die Spiritualität als einen Weg zu beschreiben, der uns hilft, den Alltag aus dem Glauben heraus zu meistern. Dabei fühle ich mich der benediktinischen Tradition verpflichtet, die das Motto »ora et labora« über ihre Spiritualität setzt. Die Arbeit ist für Benedikt ein Test für die Echtheit des Gebetes. Man könnte auch sagen: Der Alltag ist der Test, ob meine Spiritualität stimmt oder nicht. Nicht die frommen Gefühle und nicht die spirituellen Gedanken und auch nicht die mystischen Erfahrungen allein machen echte Spiritualität aus. Benedikt kennt und fordert den Realitätstest. Der besteht einmal in der Arbeit, zum anderen aber auch in der konkreten Art und Weise, wie ich mit den Mitbrüdern umgehe, wie ich mit dem alltäglichen Werkzeug im Kloster umgehe, wie ich im Alltag lebe.

So sind in diesem Band Texte zusammengestellt, die ich in verschiedenen Büchern geschrieben haben. Sie alle kreisen um den Gedanken, die Spiritualität konkret in unser alltägliches Leben hinein zu übersetzen und sie als Kunst des gesunden Lebens zu verstehen. Nicht umsonst sprechen die antiken Ärzte von dieser. Es ist eine Kunst, gut zu leben. Kunst leitet sich ab von »können«. Doch »können« bedeutet nicht nur eine Fertigkeit, die wir erlernen, sondern allgemein: wissen, verstehen. So bedeutet Kunst im Deutschen ursprünglich: Wissen, Weisheit, Kenntnis. Die Kunst des Lebens erlernen wir nur, wenn wir das Wesen des Menschen kennenlernen und verstehen. Dann kommt es jedoch auch darauf an, das Wissen anzuwenden, zu erlernen, wie man gut lebt.

So möchte dieser Band Sie einführen in die Kunst des gesunden Lebens, in die Kunst, so zu leben, wie es Ihrem Wesen als Mensch entspricht, so zu leben, dass Sie sich und Ihrem Wesen gerecht werden. Die Beiträge in diesem Buch verstehen sich nicht als Forderungen, sondern als Empfehlungen und als Anregungen, verschiedene Wege auszuprobieren und dann zu testen, welcher gerade für Sie in diesem Augenblick stimmt.

Ihr
Pater Anselm Grün

Spiritualität

Sich begegnen – Gott begegnen

Spiritualität von unten

Wir brauchen heute eine neue Sprache und neue Erfahrungswege, um die christliche Spiritualität so zu beschreiben und zu üben, dass sich die Menschen in ihrer Sehnsucht nach Ganzwerdung, nach Befreiung und Heilung angesprochen fühlen. Für mich ist die Spiritualität der frühen Mönche (viertes bis sechstes Jahrhundert nach Christus) ein Erfahrungsschatz, aus dem wir nicht genug schöpfen können, um suchenden Menschen eine Antwort auf ihre Fragen und Sehnsüchte zu geben. In ihrer Spiritualität geht es darum, aus der inneren Quelle, aus der Quelle des Heiligen Geistes zu leben. Spiritualität ist der Weg zu Gott und zu meiner eigenen Wirklichkeit, zu meinem wahren Selbst. In diesem Sinn möchte ich bei den frühen Mönchen in die Schule gehen, um für uns heute den spirituellen Weg zu finden, der uns in den Einklang mit uns selbst und in Gott hinein zu führen vermag.

In der Geschichte der Spiritualität gibt es unter anderem zwei Strömungen: eine Spiritualität von oben und eine von unten. Spiritualität von unten meint, dass Gott nicht nur in der Bibel und durch die Kirche zu uns spricht, sondern gerade auch durch uns selbst, durch unsere Gedanken und Gefühle, durch unseren Leib, unsere Träume und gerade auch durch unsere Wunden und unsere vermeintlichen Schwächen.

Die Spiritualität von unten wurde vor allem im Mönchtum praktiziert. Die frühen Mönche setzten beim Umgang mit den eigenen Leidenschaften an, sie begannen bei der Selbsterkenntnis, um den wahren Gott erkennen und ihm begegnen zu können. Evagrius Ponticus formuliert diese Spiritualität von unten in dem klassischen Satz: »Willst Du Gott erkennen, lerne vorher dich selbst kennen.« Das Aufsteigen zu Gott geht über das Hinabsteigen in die eigene Realität bis zu den Tiefen des Unbewussten. Die Spiritualität von unten sieht den Weg zu Gott nicht als Einbahnstraße, auf der man immer weiter auf Gott zugeht. Der Weg zu Gott führt vielmehr über Irrwege und Umwege, über das Scheitern und über die Enttäuschung von sich selbst. Nicht meine Tugend ist es, die mich vor allem für Gott öffnet, sondern meine Schwäche, meine Ohnmacht, ja sogar meine Sünde.

Die Spiritualität von oben setzt bei den Idealen an, die wir uns machen. Sie geht von Zielvorstellungen aus, die der Mensch durch Askese und Gebet erreichen sollte. Die Grundfrage dieser Spiritualität von oben lautet: Wie hat ein Christ zu sein? Was muss ein Christ tun? Welche Haltungen müsste er verkörpern? Die Spiritualität von oben entspringt der menschlichen Sehnsucht, immer besser zu werden, immer höher aufzusteigen, Gott immer näher zu kommen. Sie wurde vor allem in der Moraltheologie der letzten dreihundert Jahre vertreten und in der Aszetik, der Lehre vom Streben nach christlicher Vollkommenheit, wie sie seit der Aufklärungszeit gelehrt wird.

Die moderne Psychologie ist dieser Form von Spiritualität gegenüber sehr skeptisch, weil sie die Gefahr mit sich bringt, den Menschen innerlich zu zerreißen. Wer sich mit den Idealen identifiziert, verdrängt häufig seine Wirklichkeit, die diesen Idealen nicht entspricht. So wird der Mensch innerlich gespalten und krank. Von der Psychologie her wird dagegen eine Spiritualität von unten, wie sie die frühen Mönche gegangen sind, eher bestätigt. Denn für die Psychologie ist klar, dass der Mensch nur über die ehrliche Selbsterkenntnis zu seiner Wahrheit gelangen kann. Es geht in der Spiritualität von unten aber nicht nur darum, auf Gottes Stimme in meinen Gedanken und Gefühlen, in meinen Leidenschaften und Krankheiten zu hören und dadurch das Bild zu entdecken, das Gott sich von mir gemacht hat. Es geht auch nicht nur um den Aufstieg zu Gott durch das Hinabsteigen in meine Realität. Vielmehr geht es in der Spiritualität von unten darum, dass wir gerade dort, wo wir am Ende unserer Möglichkeiten angelangt sind, offen werden für eine persönliche Beziehung zu Gott. Das wahre Gebet, so sagen die Mönche, steigt aus der Tiefe unserer Not empor und nicht aus unserer Tugend.

Die Spiritualität von unten beschäftigt sich mit der Frage, was wir tun sollen, wenn alles schiefgeht, wie wir mit den Scherben unseres Lebens umgehen und wie wir daraus etwas Neues formen können. Die Spiritualität von unten ist der Weg der Demut. Mit diesem Wort tun wir uns heute schwer. Eugen Drewermann hat die Demut, die Benedikt von Nursia in seiner Regel als den spirituellen Weg des Mönches beschreibt, als typisches Beispiel für Fremdbestimmung gesehen (Drewermann 429). Doch wenn wir in die geistliche Literatur des Christentums und anderer Religionen schauen, so begegnen wir überall der Demut als der Grundhaltung echter Religiosität. Wir dürfen die Demut nicht als Tugend verstehen, die man selbst erwerben kann, indem man sich »verdemütigt« und kleinmacht. Demut ist nicht in erster Linie eine soziale Tugend, sondern eine religiöse Grundhaltung. Das deutsche Wort für Demut weist uns da in eine falsche Richtung. Es wird vom Althochdeutschen »diomuoti« (mittelhochdeutsch »diemuot« = dienende Gesinnung) abgeleitet und beschreibt das Verhalten anderen Menschen gegenüber, die soziale Tugend des Dienens. Das lateinische Wort für Demut, »humilitas«, hat mit »humus«, mit Erde, zu tun. Humilitas ist also das Aussöhnen mit unserer Erdhaftigkeit, mit unserer Erdenschwere, mit unserer Triebwelt, mit unserem Schatten. Humilitas ist der Mut zur eigenen Wahrheit. Die Griechen unterscheiden zwischen »tapeinosis«, Erniedrigung, Armut, Elend, und »tapeinophrosyne«, das die Haltung der Armen beschreibt, die Haltung der Demut und geistlichen Armut. Die Demut bezeichnet unser Verhältnis zu Gott und ist eine religiöse Tugend. Die Demut ist für alle Religionen das Kriterium für eine echte Spiritualität. Und sie ist der Ort der Tiefe, an dem ich dem wirklichen Gott begegnen kann. Dort in der Tiefe erst kann das wahre Gebet erklingen. Die Spiritualität von unten hat zwei Pole: den Weg zu unserem wahren Selbst und zu Gott durch das Hinabsteigen in unsere Wirklichkeit auf der einen Seite und andererseits die Erfahrung der Ohnmacht und des Scheiterns als Ort des wahren Gebetes und als Chance, in eine neue persönliche Beziehung zu Gott zu gelangen. Die Spiritualität von unten beschreibt zum einen die therapeutischen Schritte, die der Mensch gehen muss, um zu seinem wahren Wesen zu gelangen. Zum anderen ist sie der religiöse Weg, der über die Erfahrung des Scheiterns zum Gebet, zum »Schrei aus der Tiefe«, und zu einer tiefen Gottesbeziehung führt.

Der Umgang mit meinen Verletzungen und Wunden

Spiritualität von unten zeigt mir einen anderen Weg, mit meinen Wunden umzugehen. Jeder von uns trägt irgendwelche Wunden mit sich, die ihm das Leben geschlagen hat. Manche schützen sich gegen die Verletzungen in ihrer Kindheit, indem sie sich innerlich verkrampfen. Das ist oft sogar notwendig, um überhaupt zu überleben. Aber zugleich hindert es uns am Leben. Andere verdrängen die Wunden. Sie halten sie verschlossen unter einem festen Deckel. Aber dann leben sie ständig in der Angst, dass der Deckel nicht hält und der Innendruck eine Explosion auslöst. Wieder andere lassen sich von ihren Wunden lähmen. Sie kreisen ständig darum und weigern sich, sich auf das Leben einzulassen, aus Angst, sie könnten wieder verletzt werden. Spiritualität von unten will uns zeigen, dass wir gerade in unseren Wunden den Schatz entdecken können, der auf dem Grund unserer Seele verborgen liegt.

Der niederländische Theologe Henri J. M. Nouwen meinte bei der Einweihung unseres Recollectio-Hauses: »Dort, wo wir verwundet sind, wo wir gebrochen sind, dort sind wir auch aufgebrochen für Gott.« Dort sind wir auch offen, um unserem wahren Selbst zu begegnen. Durch meine Wunden entdecke ich, wer ich wirklich bin. Da komme ich in Berührung mit meinem Herzen, werde ich lebendig, entdecke ich den Schatz meines wahren Selbst. Die Wunden zerbrechen mir die Masken, die ich mir aufgesetzt habe, und legen den wahren Grund frei. Freilich ist der Weg dieser Spiritualität von unten nicht so einfach. Er setzt voraus, dass ich mich aussöhne mit meinen Wunden, dass ich meine Wunden als meine besten Freunde ansehe, die mir den Weg zum Schatz in mir zeigen. Dort, wo ich verwundet bin, bin ich auch ganz ich selbst. Da schreit hinter der

Oberfläche meines Lebens mein wahres Selbst auf und meldet sich zu Wort.

Immer wieder enttäuscht uns das Leben. Wir sind enttäuscht über uns selbst, über unser Versagen und Scheitern. Wir sind enttäuscht von unserem Beruf, von unserem Ehepartner, von der Familie, vom Kloster, von der Pfarrei. Manche reagieren resigniert auf diese Enttäuschungen. Sie finden sich ab mit dem Leben, wie es ist. Aber in ihrem Herzen stirbt jede Lebendigkeit ab, jede Hoffnung. Die Träume vom Leben werden begraben. Auch die Enttäuschung könnte mich zum Schatz führen. Vielleicht will sie mich von den Illusionen befreien, die ich mir über mich und meine Zukunft gemacht habe. Vielleicht habe ich alles mit einer rosaroten Brille angeschaut und jetzt reißt mir die Enttäuschung die Brille aus dem Gesicht und zeigt mir die Wahrheit meines Lebens. Die Enttäuschung entlarvt die Täuschung, der ich bisher verfallen war, und hebt sie auf. Sie zeigt mir, dass mein Selbstbild nicht gestimmt hat, dass ich mich falsch eingeschätzt habe. So ist die Enttäuschung die Chance, das wahre Selbst zu entdecken, das Bild, das Gott sich von mir gemacht hat. Natürlich tut die Enttäuschung erst einmal weh. Aber durch den Schmerz hindurch kann ich lernen, mich mit der Realität auszusöhnen und so realistisch und angemessen zu leben.

»Verwundete Austern lassen aus blutigen Wunden eine Perle entstehen. Den Schmerz, der sie zerreißt, verwandeln sie in einen Juwel« (Richard Shanon). In meinen Wunden wachsen die Perlen. Sie können in mir aber nur entstehen, wenn ich mich mit meinen Wunden aussöhne. Wenn ich die Zähne zusammenbeiße, um meine Wunden krampfhaft zu verschließen, kann darin nichts wachsen. Es tut oft weh, mit meiner Wunde in Berührung zu sein. Da spüre ich die Ohnmacht, sie loszuwerden. Sie wird immer in mir sein, selbst wenn sie vernarbt ist. Aber wenn ich meine Wunde annehme, dann kann sie sich zu einer Quelle von Leben und Liebe verwandeln. Dort, wo ich verwundet bin, bin ich auch lebendig, dort spüre ich mich und die anderen. Da kann ich die anderen eintreten lassen in meine Wunde, da wird Begegnung und Berührung möglich, die auch den anderen zu heilen vermag. Nur der verwundete Arzt kann heilen, sagen die Griechen. Wo ich stark bin, kann ein anderer nicht in mich eindringen. Dort, wo ich gebrochen bin, kann Gott in mich einbrechen, können Menschen bei mir eintreten. Da komme ich in Berührung mit dem wahren Selbst, dem Bild, das Gott sich von mir gemacht hat.

Wir leben oft in der Illusion, dass all unsere Wunden heilen können. Wir benutzen dann Gott dazu, dass er sie heilen soll. Unter Heilung verstehen wir, dass die Wunden sich schließen und wir sie nicht mehr spüren. Solange sie nicht vernarben, kreisen wir um unsere Wunden und bohren uns immer tiefer in sie ein. Wir werfen Gott vor, dass er diese Wunde zuließ. Erst wenn wir bereit sind, uns mit ihr auszusöhnen, kann sie für uns zum Tor nach innen werden, zum Tor in den unverwundeten und heilen Raum, in dem Gott selbst in uns wohnt. Die Wunde zwingt uns, das Heil in unserem Inneren zu suchen und nicht in äußerer Tüchtigkeit und Stärke. In jedem von uns, mögen wir vom Leben noch so sehr verwundet sein, ist dieser heile Raum, das Allerheiligste, zu dem nur Gott Zutritt hat. Dort könnten wir mitten in unserer Zerrissenheit den heilenden Gott in uns erfahren.

Im Alltag Gott erfahren

Die Auswirkung der Spiritualität auf den Alltag

Alle Wege der Spiritualität wollen uns helfen, den Alltag besser zu bewältigen. Spiritualität ist nicht ein Sonderweg, der uns aus dem Alltag herausführt. Sie ist vielmehr ein Weg, der uns in den Alltag hineinführen möchte, damit wir dort als spirituelle Menschen leben und unser Miteinander gestalten. Das Gebet verändert meinen Alltag. Die Meditation bringt mich mit meiner eigenen Mitte in Berührung, damit ich im Alltag nicht durch die verschiedenen Anforderungen zerrissen werde. Rituale sind eine Hilfe, den Alltag von Gott her zu leben. All diese spirituellen Wege wollen mich mit der Quelle des Heiligen Geistes in Berührung bringen, die in mir strömt. Und wenn ich aus dieser Quelle heraus lebe, bekommt mein Leben im Alltag ein neues Gesicht. Ich sehe vor allem fünf Wirkungen dieser Quelle, die meinen Alltag verwandeln können:

1. Die Quelle erfrischt: Wenn ich aus der Quelle des Geistes Jesu schöpfe, dann bekomme ich frische und neue Ideen. Ich werde nicht so schnell müde. Ich vertraue darauf, dass in mir innovative Gedanken sind, die mir neue Wege im Alltag aufzeigen.

2. Die Quelle heilt: Durch die Quelle des Heiligen Geistes komme ich in Berührung mit den Selbstheilungskräften, die in mir sind. Jeder von uns hat diese heilende Quelle in sich. Aber wir sind oft genug von ihr abgeschnitten. Jesus hat die Menschen durch sein Wort mit ihrer inneren Quelle in Berührung gebracht. Darin sehe ich auch das Wesen der Seelsorgers, dass ich den Menschen nicht etwas aufdränge, sondern dass ich sie in Kontakt mit ihrer heilenden Quelle bringe, die sie in sich haben, von der sie aber oft genug abgeschnitten sind.

3. Die Quelle stärkt, sie gibt mir Kraft für meinen Alltag: Wenn ich aus der Quelle des Heiligen Geistes schöpfe, werde ich nicht erschöpft sein. Ich werde vielleicht müde, aber nicht erschöpft, nicht zerrissen und nicht unzufrieden.

4. Die Quelle befruchtet: Wenn ich aus der inneren Quelle lebe, dann blüht etwas um mich herum auf, mein Leben kommt in Fluss. Es trägt Frucht für mich selbst und für die Menschen, und zwar eine dauerhafte Frucht, die andere nährt und erfreut.

5. Die Quelle reinigt: Immer wieder werden unsere Emotionen durch unsere eigene Unzufriedenheit und durch Nörgeleien unserer Umgebung »beschmutzt«. Dann müssen wir stehen bleiben, still werden, damit das Trübe gereinigt wird.

Die genannten Formen der Spiritualität wie Gebet und Meditation, Rituale, Askese und Mystik sind allen Religionen gemeinsam. Jede Religion versteht diese Formen natürlich auf ihre Weise. Aber es geht immer darum, sich auch im Alltag für Gott zu öffnen und das eigene Leben von Gott her zu gestalten. Wenn wir die spirituellen Wege gehen, die allen Religionen gemeinsam sind, verbindet uns das auch mit den Gläubigen in anderen Kulturen.

Dennoch ist es auch wichtig, tiefer in das Geheimnis der eigenen christlichen Spiritualität einzudringen. Um das Wesen der eigenen Spiritualität zu erkennen und zu lieben, ist es gut, wenn wir die Spiritualität anderer Religionen kennenlernen und einen offenen Dialog mit Vertretern dieser Religionen führen. Im Dialog können wir etwas von anderen Religionen lernen. Denn wir haben als Christen manches in unserer eigenen christlichen Tradition vergessen.

Schon die Autoren des Neuen Testaments haben den Dialog mit anderen Religionen geführt. Im Dialog mit den religiösen Strömungen ihrer Zeit haben sie ein Bild Jesu Christi gezeichnet, das auch für die Vertreter anderer Religionen verständlich und anziehend war. Ja, ihnen selbst ist der Reichtum Jesu aufgegangen, wenn sie mit den Vertretern anderer spiritueller Richtungen gesprochen und dann über das Wesen Jesu Christi nachgedacht haben. So haben sie verstanden, dass Jesus Christus für alle Menschen eine faszinierende Botschaft hat und dass es sich lohnt, Christus allen Völkern zu verkünden.

Mystik und Politik

Christliche Spiritualität ist Durchdrungensein vom Geist Jesu und zugleich Frucht bringen für die Welt. Das wird deutlich im Bild vom Weinstock, das Jesus uns im Johannesevangelium vor Augen hält: »Ich bin der Weinstock, ihr seid die Reben. Wer in mir bleibt und in wem ich bleibe, der bringt reiche Frucht« (Johannes 15,5). Dieses Bild zeigt, dass eine intime Beziehung zu Jesus die Bedingung für unser Wirken nach außen ist. Nur wenn wir aus Christus unsere Kraft beziehen – so wie die Rebe aus dem Weinstock –, wird unser Leben Frucht bringen.

Noch ein anderes Bild prägt die christliche Spiritualität: das der Nachfolge Jesu. In der Nachfolge Jesu sollen wir wie er die Feinde lieben, den Menschen die Frohe Botschaft verkünden und die Barmherzigkeit und Liebe vorleben, die Jesus verkörpert hat. Und in der Nachfolge Jesu sollen wir Frieden stiften und Versöhnung in die unversöhnte Welt hineintragen. Beide Bilder gehören zusammen. Das Bild der Nachfolge betont den aktiven Aspekt der christlichen Spiritualität. Ob jemand spirituell ist, das zeigt sich auch in der Art und Weise, wie er sich in der Welt engagiert und wie er mit Menschen umgeht. Christliche Spiritualität hat immer auch eine ethische Dimension. Sie will das Verhalten der Menschen verändern und prägen. Damit sich unsere Spiritualität aber nicht im Handeln verausgabt, braucht es immer wieder die Besinnung auf die Quelle, aus der wir schöpfen. Das Bild des Weinstocks zeigt uns, dass unser Leben nur dann auf Dauer Frucht trägt, wenn wir an Christus, den wahren Weinstock, angeschlossen sind, wenn wir unsere Kraft aus der Verbindung mit ihm beziehen. Das ist mehr als Nachfolge. Wir haben in der Beziehung zu Jesus teil am göttlichen Strom der Liebe, der Jesus durchfließt und auch uns durchströmt. Es geht darum, für Jesu Geist durchlässig zu werden.

Die spirituell suchenden Menschen brauchen heute beides: Wege zur Stille, Wege zum eigenen inneren Raum der Stille, in dem Gott in ihnen wohnt, Wege, um mitten in dieser Welt Gott zu erfahren und um in Gott zur Ruhe zu kommen und das eigene Wesen zu entdecken. Und sie suchen zugleich eine Spiritualität, die sich nicht aus der Welt zurückzieht, sondern diese Welt formt und gestaltet. Sie suchen nach einer Spiritualität, die ihnen dabei hilft, in dieser Welt so zu leben, dass sie nicht von der Welt beherrscht werden, sondern selbst die Welt prägen. Sie suchen nach der Spiritualität, von der Paulus sagt, dass wir in der Welt sind, aber nicht von der Welt. In der Spiritualität machen wir die Erfahrung innerer Freiheit. Wir definieren uns nicht von den Maßstäben dieser Welt, von den Erwartungen der Menschen, von Erfolg oder Misserfolg, Anerkennung oder Ablehnung. Gerade weil wir frei sind von der Herrschaft dieser Welt, können wir sie gestalten und uns für eine menschlichere Welt einsetzen. Christliche Spiritualität braucht die beiden Pole: Mystik und Politik, Kampf und Kontemplation, Gebet und Arbeit.

Personale Dimension

Christliche Spiritualität ist geprägt von der dauernden persönlichen Beziehung zu Jesus Christus. Das prägt sie auch nach außen. Sie verweist uns Christen auf die Beziehung zu den anderen Menschen. In der Beziehung zu anderen zeigt sich, ob wir wirklich spirituelle Menschen sind oder nicht.

Jesus Christus ist eine konkrete Person. Die Beziehung zu ihm verweist uns immer auch auf die Beziehung zu den Menschen. Christliche Spiritualität zeigt sich daher immer auch in einer guten Beziehung zu den Menschen. Jesus selbst hat die Beziehung zu sich selbst mit der Beziehung zu den Menschen verbunden, wenn er bei Matthäus sagt: »Was ihr für einen meiner geringsten Brüder getan habt, das habt ihr mir getan« (Matthäus 25,40). In jedem Bruder und in jeder Schwester begegnen wir letztlich Jesus Christus, auch wenn wir es gar nicht wissen oder glauben. Und Jesus beschreibt das sehr konkret: »Ich war hungrig, und ihr habt mir zu essen gegeben; ich war durstig, und ihr habt mir zu trinken gegeben; ich war fremd und obdachlos, und ihr habt mich aufgenommen; ich war nackt, und ihr habt mir Kleidung gegeben; ich war krank, und ihr habt mich besucht; ich war im Gefängnis, und ihr seid zu mir gekommen« (Matthäus 25,35f).

Christliche Spiritualität hat sich im Unterschied zu anderen Formen der Spiritualität immer dadurch ausgezeichnet, dass sie uns in die Solidarität mit den Menschen und zum Engagement für andere führt. In der großen Rede Jesu im Matthäusevangelium (vgl. Matthäus 25) wird die Nächstenliebe universal verstanden. Sie gilt allen Armen und Notleidenden – unabhängig davon, ob sie Christen sind oder nicht. Es geht um eine Liebe, die nicht berechnet. Sie wird um ihrer selbst willen getan, nicht aus anderen Motiven.

Die Worte Jesu von der universalen Nächstenliebe haben seit jeher die Philosophen begeistert. Selbst atheistische Philosophen waren von diesen Worten angetan. Hier bekommt die christliche Spiritualität eine Weite und Offenheit, die einladend für alle Menschen wirkt. Die Worte Jesu könnten so eine gute und solide Grundlage für den Dialog der Religionen im Ringen um eine menschlichere Welt sein.

Die Nächstenliebe, die Jesus fordert, das Engagement für die Armen und Kranken, zu der er uns aufruft, soll nicht von der Ungeduld und Härte von Revolutionären geprägt sein, sondern von der Hochachtung jedes Einzelnen. In jedem Menschen sollen wir Christus, den König, sehen. Die Würde jedes Einzelnen soll in den Blick kommen. Jesus will kein Almosen geben von oben herab, sondern dass wir den Armen und Nackten und Obdachlosen immer wie einen König behandeln. Dieser ist sich, auch wenn wir ihm helfen, seiner königlichen Würde bewusst. Das Engagement für die Armen und Entrechteten, für die Randgruppen und von der Gesellschaft Vergessenen gehört wesentlich zur christlichen Spiritualität dazu.

Die Erfahrung der Gemeinschaft

Die persönliche Beziehung zu Jesus Christus will sich auch in einem neuen Miteinander der Jünger ausdrücken. Für den Evangelisten Lukas war das Faszinierende an der frühen Kirche, dass die Christen »ein Herz und eine Seele waren« (Apostelgeschichte 4,32).

Juden und Griechen, Männer und Frauen, Herren und Sklaven, Arme und Reiche, Junge und Alte gingen auf neue Weise miteinander um. Das war für Lukas ein Beweis, dass das Reich Gottes gekommen ist. Er beschreibt die Urgemeinde so: »Tag für Tag verharrten sie einmütig im Tempel, brachen in ihren Häusern das Brot und hielten miteinander Mahl in Freude und Einfalt des Herzens. Sie lobten Gott und waren beim ganzen Volk beliebt« (Apostelgeschichte 2,46f).

Auch wenn die Beschreibung der Urgemeinde durch den Evangelisten Lukas sehr idealisierend ist, stellt sich doch die Frage, warum heute die Kirche für die vielen suchenden Menschen nicht so anziehend ist. Ein Grund ist für mich, dass sie zu sehr moralisiert. Die frühe Kirche verband die spirituelle Erfahrung von Gottesdienst, von einer Eucharistiefeier, in der die Christen die Freude über die Gegenwart des auferstandenen Christus erfuhren, der ihrem Miteinander den Geschmack von Liebe und Freude verlieh, mit dem Engagement für die Armen und an den Rand Gedrängten. Die Menschen suchen nach einer Spiritualität, die nicht sofort bewertet und moralisiert, sondern die erst einmal einlädt, eine neue Erfahrung zu machen: die Erfahrung Gottes in der Stille und in der gemeinsamen Feier und die Erfahrung eines neuen Miteinanders, in dem man sich getragen und angenommen weiß.

Gerade in einer Welt, die immer mehr in die Anonymität führt, wäre die Erfahrung einer Gemeinschaft, in der alle ihren Platz und ihren Wert finden, für unsere Gesellschaft heilsam. Ja, die spirituelle Gemeinschaft könnte eine wichtige Aufgabe bei der Integration der verschiedenen Kulturen wahrnehmen. Im Gottesdienst werden alle miteinander eins, gleich welcher Hautfarbe oder welcher Herkunft sie sind.

Lebenskunst

Den Schatz in sich selbst entdecken

Das Heilige

Die Mystiker wissen, dass in jedem von uns ein heiliger Raum ist, ein Raum der Stille, zu dem die Gedanken und Emotionen keinen Zutritt haben. In diesem inneren Heiligtum wohnt Gott in uns. Dort, wo Gott in uns wohnt, sind wir heil und ganz, dort sind wir frei von der Macht der Menschen, von ihren Erwartungen und Ansprüchen, von ihren Urteilen und Verurteilungen. Im Gebet – so sagen die Mystiker – geht es darum, diesen inneren Raum des Schweigens in sich zu entdecken. Evagrius Ponticus, einer der wichtigsten geistlichen Schriftsteller im frühen Mönchtum, nennt diesen inneren Raum »Ort Gottes«, weil Gott selbst ihn als Wohnort im Menschen gewählt hat. Und er nennt ihn außerdem »Jerusalem, Stadt des Friedens«. Denn dort, wo Gott in uns wohnt, kommen wir in Einklang mit uns selbst, dort herrscht der Friede Gottes.

Im Alltag erleben wir eher den Verlust des Heiligen. Tabus brechen auseinander, heilige Werte werden lächerlich gemacht. Auf der anderen Seite können wir in weiten Kreisen ein neues Gespür für das Heilige feststellen. Wenn Religionslehrer ihre Schüler danach fragen, was ihnen heilig ist, so nennen sie eine Reihe von Dingen. Dem einen ist der Computer heilig, einem anderen die Taucherbrille, einer dritten der Ring, das Geschenk ihres Freundes. Jugendliche können mit dem Begriff »heilig« durchaus etwas verbinden, sogar mehr als mit dem Begriff »Gott«. Das Heilige entspricht ihrer Erfahrung. Sie haben einen heiligen Bereich, den sie von niemandem antasten lassen. Allerdings verbinden sie das Heilige oft nicht mehr mit den religiösen Bereichen, mit Kirche und Gottesdienst.

Auch viele Erwachsene haben einen neuen Sinn für das Heilige entdeckt. Nach Rudolf Otto ist das Heilige kein Begriff, sondern ein Gefühl von Scheu, von Ergriffenheit. Das Heilige zeigt sich dem Menschen unmittelbar. Es betrifft seine Erfahrung. Das, was als heilig erlebt wird, entzieht sich der begrifflichen Erfassung. Nach Rudolf Otto ist es das Unaussprechliche, Unsagbare. Es kann als etwas bestimmt werden, dass das Gemüt des Menschen ergreift und zu einer eigenen Gestimmtheit bewegt. Das Heilige ist also erfahrbar. Und es gibt heute viele Menschen, die ein Gespür für das Heilige haben. Im Heiligen berühren sie den Mantel Gottes. Im Raum des Heiligen wird der heilige und unendliche Gott in dieser Welt sichtbar.

Im Begriff des Heiligen ist immer schon die Beziehung Gottes zum Menschen ausgedrückt. Für viele Menschen ist das Heilige etwas, wonach sie sich sehnen. Heilige Räume sind für sie wichtig. Sie dürsten nach heiligen Ritualen. Und sie wissen, dass unsere Zeit nicht ohne heilige Werte auskommt, auf die man sich verlassen kann. Das Heilige – so erahnen sie – führt sie erst zum wahren Menschsein. Es macht sie heil und ganz.

Das Heilige ist immer etwas Weltliches: ein Mensch, ein Ort, eine Zeit, ein Gegenstand, ein Ritual. Etwas, was der Mensch sehen, hören, greifen, schmecken kann, hat die Qualität des Heiligen. Es erzeugt im Menschen eine eigenartige Reaktion. Der Mensch wird in seinem Inneren erschüttert. Und er ist zugleich fasziniert. Das Heilige ist etwas, nach dem er sich sehnt. Das Heilige tut ihm gut. Es gibt ihm Freiräume, Schutzräume, Räume der Geborgenheit und Heimat. Es erzeugt im Menschen einen Schauder des Numinosen. Der Mensch fühlt sich in seiner Tiefe getroffen und berührt, er entdeckt das Heilige in seinem Innersten. Viele fragen mich immer wieder: Wie komme ich in Berührung mit diesem Heiligen in mir? Sie sind fasziniert von der Idee dieses inneren Raumes der Stille. Aber sie finden keinen Zugang dazu.

Zunächst dürfen wir die Erwartungen an die eigene Erfahrung nicht zu hoch stecken. Ich kann diesen Raum immer nur einen Augenblick erfahren. Im nächsten Augenblick spüre ich nichts mehr davon. Für mich ist hier die Meditation ein Weg. Ich lasse mich durch den Atem und durch das Wort, das ich mit dem Atem verbinde, in diesen inneren Raum der Stille führen. Mir hilft allein schon die Vorstellung, dass dieser Raum in mir ist. Manchmal spüre ich ihn. Aber auch wenn ich ihn nicht spüre, gibt mir das Bild dieses inneren Heiligtums ein Gespür von Freiheit und Weite, von Heiligem und Heilem. Mitten im Trubel der Arbeit weiß ich dann: Es gibt etwas in mir, zudem die Konflikte des Alltags nicht vordringen können. Das Heilige in mir ist dem Zugriff der Welt entzogen. Diese Vorstellung ändert mein Gefühl: Ich fühle mich nicht mehr bedroht von der bedrängenden Nähe der Probleme und Konflikte und von der Nähe fordernder Menschen. Allein die Ahnung von dem Heiligen in mir schützt mich vor dem Unheil der Welt. Es ist wie ein innerer Zufluchtsort, in den ich mich – auch wenn nur für einen kurzen Augenblick – immer wieder zurückziehen kann.

Das Heilige ist in unserer Zeit der gewandelten Religion eine Spur Gottes in unserer Welt, die die Menschen auch heute noch verstehen und wahrnehmen, der sie gerne folgen, weil sie ahnen, dass diese Spur des Heiligen sie zum Leben führt.

Heilige Zeiten

Für den religiösen Menschen ist auch die Zeit nicht homogen. Er kennt vielmehr die heilige Zeit, die Zeit der Feste und die Zeit des Gebetes, und er kennt die profane Zeit, in der sich Ereignisse ohne besondere Bedeutung abspielen. In der heiligen Zeit hat der religiöse Mensch teil an der mythischen Urzeit, als die Götter noch auf Erden waren. Jedes religiöse Fest will die von den Göttern geschaffene heilige Zeit wieder vergegenwärtigen.

Im Fest drückt der religiöse Mensch sein Heimweh nach den Ursprüngen, nach der Vollkommenheit des Anfangs aus. Der Christ verbindet die heilige Zeit mit »jener Zeit«, in der Gott in Jesus Christus hier auf Erden gewandelt ist, in der er durch Jesus zu uns gesprochen und unsere Wunden geheilt hat. Gerade der Evangelist Lukas hat das Wirken Jesu als ein Heilsjahr beschrieben, das im liturgischen Jahr immer wiederholt wird, damit das, was damals geschah, für uns »heute« geschieht. Sieben mal benutzt Lukas das Wort »heute«. Und in der Liturgie singen und beten wir oft, dass uns heute die Herrlichkeit Gottes erschienen ist, dass heute der Heiland geboren ist, dass heute Christus bei uns einkehrt und mit uns Mahl hält. In der heiligen Zeit des Festes werden wir Zeitgenossen Jesu und dürfen das Heil an uns erfahren, das die Jünger vor zweitausend Jahren in der konkreten Begegnung mit dem historischen Jesus erlebt haben.

Ein wichtiger Testfall, ob wir uns noch heilige Zeiten leisten können, die dem Diktat der Wirtschaft und anderer gesellschaftlicher Bedürfnisse entzogen sind, ist der Sonntag. Da das Gefühl für heilige Zeiten schwindet, wird auch der Sonntag immer mehr in Frage gestellt. Warum sollen wir nicht auch am Sonntag einkaufen können, wenn die Menschen da mehr Zeit haben? Warum sollen wir die Arbeit nicht auf sieben Tage verteilen? Dann könnten wir die Maschinen besser ausnutzen. Und der Straßenverkehr würde entzerrt. Solche Überlegungen zeigen, dass wir den Sonntag nicht mehr als heilige Zeit verstehen, sondern als Zeit, über die wir bestimmen können.

Schon in der Antike gab es den Siebenerrhythmus, dass man sechs Tage arbeitete und am siebten Tag ruhte. Die Juden haben den Sabbat als Ruhetag hochgeschätzt. Er war für sie Teilhabe an der Ruhe Gottes, der in sechs Tagen die Welt erschuf und am siebten Tag ausruhte. »Gott segnete den siebten Tag und erklärte ihn für heilig; denn an ihm ruhte Gott, nachdem er das ganze Werk der Schöpfung vollendet hatte.« (Genesis 2,3) Es ist ein Tag der Ruhe und der Freude über das, was Gott geschaffen hat und was durch uns in dieser Woche entstanden ist. Für die Juden ist der Sabbat zugleich Anlass, um der Befreiung aus der Gefangenschaft in Ägypten zu gedenken. Die Christen feiern anstelle des Sabbats den Sonntag. Schon in der frühen Kirche versammeln sich die Christen am Abend des ersten Tags der Woche und brechen miteinander das Brot. Sie gedenken an jedem Sonntag der Auferstehung Jesu und wissen den Auferstandenen in ihrer Mitte. Schon bald bürgert sich der Name »Herrentag« ein. Es ist der Tag des Herrn, der Tag, an dem man der Auferstehung des Herrn gedenkt, der Tag, der dem Herrn gehört. Im Lauf der Geschichte sind dann auch Elemente des jüdischen Sabbats in die christliche Sonntagsfeier eingeflossen. Der Sonntag ist der Tag der Ruhe und Erholung, der Freude und der Feier des Gottesdienstes.

Der Staat hat in den letzten Jahrhunderten den Sonntag gesetzlich geschützt. Er hat damit die christliche Sonntagskultur unterstützt und die Menschen davor bewahrt, ausgenutzt zu werden. Heute ist der Sonntag aus zwei Gründen in Gefahr. Zum einen meint der

Mensch, er könne selbst ganz allein seine Zeit gestalten, es gäbe keinen vorgegebenen Rhythmus. Er könne sich die Ruhephasen dann aussuchen, wann er wolle. Alles sei der Freiheit des Menschen überlassen. Aber er merkt gar nicht, dass die Aufgabe eines festen Rhythmus ihn nicht in die Freiheit, sondern in eine neue Abhängigkeit hineinführt. Es gibt keine Schutzräume mehr. Er müsste sich die Freiräume selbst schaffen. Und jeder, der das versucht, spürt, wie schwierig das ist. Es gibt immer soviel zu tun. So führt die Erlebnisgesellschaft zu hohen Erwartungen, zu übertriebenen Ansprüchen und zu neuen Zwängen.

Die zweite Gefahr geht von der Dominanz der Wirtschaft über alle Lebensbereiche des Menschen aus. Die Wirtschaft meint, die Effizienz der Arbeit sei das Wichtigste. Wenn am Sonntag die Maschinen ruhen, wenn am Sonntag der Handelsumsatz ausfällt, dann würde das der Optimierung der wirtschaftlichen Effizienz schaden. Doch dieses allzu kurzsichtige Verständnis von Effizienz übersieht, dass der Mensch keine Maschine ist, die dem Leistungsdiktat der Wirtschaft untergeordnet werden kann. Wer den Menschen nur ausnutzt und benutzt, der verachtet ihn letztlich. Und der macht ihn auf Dauer krank. Wenn der Mensch nicht aus Quellen heraus lebt, die das Kosten-Nutzen-Denken überschreiten, wird er in kurzer Zeit ausgepumpt und erschöpft sein.

Der Sinn des Sonntags ist es, dass der Mensch sich seiner menschlichen Würde bewusst wird, dass er sich seines Lebens freuen darf. Ohne diese Daseinsfreude vertrocknet das Leben und raubt uns die Fantasie, Neues zu schaffen. Kurzfristig kann eine Verzweckung des Sonntags der Wirtschaft dienen. Auf Dauer wird sie jedoch dem Menschen schaden und letztlich auch das wirtschaftliche Ergebnis verschlechtern. Der Sonntag dient dem Menschen. Er schafft ihm den Freiraum, den er braucht. Der Sonntag ist aber nicht nur Sache des Einzelnen, sondern der Gemeinschaft. Der Einzelne würde aus sich nicht die Kraft aufbringen, sich den Freiraum zu schaffen, den er für seine psychische und physische Gesundheit braucht.

Es hat wohl wenig Zweck, nur den Schutz des Sonntags zu fordern, wenn uns nicht klar wird, was der Sonntag uns geben möchte. Schon Jesus sagt, der Sabbat sei für den Menschen da und nicht umgekehrt (vgl. Markus 2,27). Ohne einen Tag der Ruhe wird der Mensch unmenschlich. Die Ruhe des Sonntags ist ein Atemholen. Jeder braucht Räume der Stille, um von sich frei zu werden, um der Welt und der Menschen in ihrem Geheimnis gewahr zu werden. Und nur wenn er um das Geheimnis seines eigenen Lebens und um das Geheimnis seiner Mitmenschen weiß, wird er seine Würde und die Würde der Menschen achten.

Man könnte argumentieren, es wäre doch möglich, an jedem Tag zu meditieren. Doch den Terror unserer Geschäftswelt kann kein privater Terminkalender durchbrechen. Da braucht es heilige Tage, Tage, die eine andere Qualität haben als die von Menschen geschaffene. Es braucht das Heilige, das den Menschen über sich hinausführt und eintaucht in seinen eigentlichen Wurzelgrund. Wichtig wäre aber, dass wir Christen uns selbst wieder vergewissern, was uns der Sonntag bedeutet. Wir können nur für seinen Schutz eintreten, wenn wir die Erfahrung gemacht haben, dass uns der Sonntag schützt vor dem Diktat der Welt, dass wir uns am Sonntag des Lebens freuen können, das uns Gott in Jesu Auferstehung geschenkt hat.

Die Menschen haben heute durchaus ein Gespür für heilige Zeiten. Der Urlaub ist den meisten heilig. Manche verwenden viel Fantasie darauf, den Urlaub kreativ zu gestalten. Sie nehmen sich Zeit für Stille, für bewusstes Wahrnehmen fremder Länder, fremder Kulturen und unbekannter Landschaften. Sie möchten den Urlaub bewusst als Freiraum genießen, in dem sie sich erlauben so zu sein, wie sie es im Tiefsten ihres Herzens sein möchten. Natürlich gibt es auch das Gegenteil: dass auch der Urlaub zu einem Aktionismus wird, dass man sich von »Animateuren« anregen lässt, weil man unfähig ist, selbst zu erleben.

Andere halten ihre stillen Zeiten heilig, mit denen sie am Morgen den Tag beginnen. Für andere gibt es ab und zu einen Wüstentag, an dem sie sich bewusst frei nehmen und sich einfach dem Unbekannten aussetzen, dem Heiligen, nach dem sie sich in der Tiefe ihres Herzens sehnen. Für wieder andere ist die Zeit des Joggens oder des Schwimmens heilig. Sie versuchen, sich mit aller Gewalt eine Zeit dafür zu reservieren.

Es gibt also durchaus das Gefühl für die heilige Zeit. Nur hat das Heilige an numinoser Qualität verloren. Es ist einfach nur die Zeit, die ich für mich brauche. Und dennoch ist auch in diesem Gespür, dass ich für mich eine Zeit brauche, die für andere unantastbar ist, die »tabu« ist, noch etwas vorhanden von dem, was ursprünglich mit »heilig« gemeint ist. Heilig ist das Abgesonderte, das Unantastbare, das Abgegrenzte. Und vielleicht ist da auch eine Ahnung, dass diese Zeit nicht nur mir guttut, sondern dass sie mich für etwas öffnet, was meinen Alltag übersteigt, für das Geheimnis des Lebens, letztlich für das Geheimnis Gottes.

Haben Sie heilige Zeiten, über die Sie wachen? Wann wäre so eine heilige Zeit für Sie sinnvoll? Manche beginnen den Tag mit einer stillen Zeit. Andere reservieren den Sonntag für sich. Da tun sie nichts, was dem Zweck der Arbeit dient. Sie gönnen sich die Zeit. Sie gehen in den Gottesdienst und erleben ihn als gemeinsame heilige Zeit. Auch die Familie braucht heilige Zeiten, Zeiten, in denen sie für sich ist, die nur ihr gehören. In solchen Zeiten kann die Beziehung wieder wachsen, die Liebe sich vertiefen. Die Liebe sucht sich von allein heilige Zeiten. Doch zugleich muss die Liebe geschützt werden, indem man sich diese heiligen Zeiten gönnt.

Wie verbringen Sie Ihre heilige Zeit? Was erleben Sie darin? Ist es nur eine Zeit für Sie selbst oder spüren Sie auch, dass diese Zeit Sie in Berührung bringt mit Ihrem wahren Wesen und mit Gott, von dem her Sie sich erst wirklich als Sie selbst erleben können?

Das Gold der Könige

Gold war schon immer etwas Besonderes und Kostbares, das allein den Reichen und Mächtigen zustand. In der römischen Kaiserzeit gebührte Gold dem Kaiser. Allein seine Statuen durften aus Gold gefertigt werden. Und Bürger, die Goldschmuck tragen wollten, brauchten die besondere Genehmigung des Kaisers. Auch im Alten Testament ist Gold den Königen vorbehalten. Der Goldreichtum von König Salomon ist Zeichen für den Segen Gottes. Die Magier bringen an Weihnachtendem neugeborenen Königssohn in der Krippe Gold als Zeichen für seine königliche Würde.

In der Taufe werden wir zu Königen und Königinnen gesalbt. Wenn wir Goldschmuck tragen, dann nicht, um mit unserem Reichtum anzugeben, sondern um uns als Könige und Königinnen zu fühlen. Aber unsere königliche Würde braucht nicht unbedingt äußeren Goldschmuck. Wir haben das königliche Gold in uns. Wenn wir uns mitten in unserem Alltag wie Könige fühlen, wenn wir wie Allerleirau mitten im alltäglichen Leben um unsere königliche Herkunft wissen, dann kann uns niemand den inneren Goldglanz rauben. Dann gehen wir nicht zugrunde, auch wenn nach außen hin unser Leben nicht glänzend verläuft. Der innere Glanz ist unabhängig vom äußeren Glanz, von der Anerkennung von außen.

Schon die Texte des Alten Testamentes ermahnen die Könige, nicht nur auf äußeren Reichtum zu setzen. Gold kann auch zum Fluch werden. Und gerade die christlichen Kirchenväter warnen uns davor, dem äußeren Reichtum nachzulaufen und dabei den inneren Reichtum unserer Seele zu verlieren. Beim Auszug aus Ägypten formen sich die Israeliten ein goldenes Kalb und tanzen um es herum. Sie wollen wie die Völker in ihrer Umgebung einen Gott haben, den sie sehen können. Doch das goldene Kalb ist zum Symbol für Götzendienst geworden. Das Gold kann zum Götzen werden, dann versklavt es uns. Jeremia lästert über diese Götzenbilder der Heiden: »Ihre Götzen sind nur Holz, das man im Wald schlägt, ein Werk aus der Hand des Schnitzers, mit dem Messer verfertigt. Er verziert es mit Silber und Gold, mit Nagel und Hammer macht er es fest, so dass es nicht wackelt. Sie sind wie Vogelscheuchen im Gurkenfeld. Sie können nicht reden; man muss sie tragen, weil sie nicht gehen können« (Jeremia 10,3–5). Wer Gold braucht, um seine innere Leere zu füllen, der wird nie zufrieden sein. Er kann das Gold nicht genießen.

Das Gold des Königs macht frei. Der König weiß um seine Würde. Er hat es nicht nötig, äußeres Gold anzuhäufen. Er weiß um das innere Gold. Das genügt ihm.

Das Gold der Seele

Die Kirchenväter, herausragende spirituelle Lehrer in den ersten Jahrhunderten nach Christus, sprechen vom goldenen Glanz der Seele. Der Mensch hat teil an Gott. Gottes Licht strahlt in der menschlichen Seele auf. Auch die christliche Kunst hat das immer so dargestellt. In der Buch- und Tafelmalerei hat man die Heiligen und Jesus Christus immer auf einem Goldgrund dargestellt. Dieser Goldgrund symbolisierte das himmlische Licht, das in den Menschen leuchtet. Später hat man dann die Heiligen mit einem Heiligenschein dargestellt, der oft golden war. Die Kunst stellte mit dem goldenen Hintergrund und dem goldenen Heiligenschein das Wesen der Heiligen dar. Sie sind ganz und gar vom göttlichen Licht durchdrungen.

In der ägyptische Wüste schreibt Evagrius Ponticus, dass der Mönch in der Kontemplation sein eigenes inneres Licht, ein goldenes Licht sieht. Der Mensch ist Geschöpf Gottes, aber auch Bild Gottes. Und da Gold die göttliche Farbe ist, hat auch der Mensch Anteil an seinem goldenen Glanz.

Jesus selbst hat vom Gold der Seele in seinen beiden Gleichnissen vom Schatz im Acker und von der kostbaren Perle gesprochen (vgl. Matthäusevangelium 13,44–46). Der Schatz unserer Seele ist im Acker vergraben. Wir müssen den Boden aufgraben, unsere Hände schmutzig machen, indem wir ein Loch ausheben. Tief verborgen im Acker unserer Seele liegt dieser Schatz. Der Schatz ist ein Bild für das wahre Selbst. Wenn wir das wahre Selbst gefunden haben, haben wir genug. Dann können wir alles andere verkaufen. Wenn wir ganz wir selbst geworden sind, dann sind wir im Einklang mit uns selbst, dann leben wir in Freiheit, ohne uns vor anderen beweisen zu müssen. Dann brauchen wir kein äußeres Gold.

Jesus hat seine Jünger ermahnt, den Blick nicht auf die Schätze in dieser Welt zu lenken, sondern auf jene im Himmel: »Sammelt euch nicht Schätze hier auf der Erde, wo Motte und Wurm sie zerstören und wo Diebe einbrechen und sie stehlen, sondern sammelt euch Schätze im Himmel, wo weder Motte noch Wurm sie zerstören und keine Diebe einbrechen und sie stehlen. Denn wo dein Schatz ist, da ist auch dein Herz« (Matthäus 6,19–21).

Wer äußere Schätze sammelt, der wird oft abgeschnitten von seinem Herzen. Sein Denken dreht sich nur noch um Geld und Ansehen. Doch er vergisst sein Herz. Er hat keinen Zugang mehr zu seinem Herzen und dadurch auch nicht zum Herzen anderer. Er wird kalt und hart. Und er muss sich ständig vor Einbrechern schützen. Er verschanzt sich hinter den Sicherheitsmauern, die er um sich aufgebaut hat, damit ja keiner ihm das rauben kann, das er für sich unbedingt braucht. So lebt er ständig in Angst. Wer Schätze des Himmels sammelt, der kann voller Vertrauen leben. Er muss diese Schätze nicht bewachen. Denn sie sind in ihm, in seinem inneren Himmel. Dort sind sie gut aufbewahrt und geschützt. Und dort ist auch sein Herz. Und sein Herz kann sich über diese Schätze des Himmels freuen und sie genießen.

Auch die kostbare Perle, um deretwillen im Matthäusevangelium der Kaufmann alles verkauft, was er besitzt, ist ein Bild für das Gold der Seele und das wahre Selbst (Matthäus 13,45f). Dieser innere Kern, das wahre Selbst, ist eine kostbare Perle, ein wertvolles Gold. Wenn wir das gefunden haben, können wir alles andere loslassen. Dann brauchen wir uns nicht ständig um Anerkennung und Bestätigung zu bemühen. Wir sind ganz bei uns, in unserer Mitte. Wir haben allen Reichtum in uns, den Reichtum der Seele, den uns niemand zu rauben vermag.

Diese Vorstellungen und Gedanken mögen anfangs etwas ungewohnt sein, vielleicht auch ein wenig befremdlich wirken. Aber versuche dennoch, diesen Bildern zu trauen! Horche in Dich hinein und stelle Dir vor, dass Du nicht nur auf Deine Fehler und Schwächen stößt, nicht nur auf die Sorgen und Ängste, die Dich plagen, sondern dass unterhalb all der Gedanken und Gefühle, die Du in Dir entdeckst, ein helles Licht leuchtet, ein goldener

Glanz. Es ist der Glanz Deiner Seele. Es ist der Glanz des ursprünglichen Bildes, das Gott sich von Dir gemacht hat.

Du kannst dieses Bild nicht sehen und nicht beschreiben. Aber wenn Du mit diesem Bild in Berührung bist, dann spürst Du eine innere Freiheit und einen inneren Einklang mit Dir selbst. Dort, in der Tiefe Deiner Seele ist alles rein. Da ist reines Gold, das Gold des göttlichen Glanzes. Dieser Glanz ist nicht verstellt durch die Bilder, die andere Dir übergestülpt haben oder die Du Dir von Dir selbst gemacht hast, etwa Bilder Deines Ehrgeizes und Deiner Selbstüberschätzung oder aber Bilder Deiner Selbstentwertung.

Wenn dieser goldene Glanz Deiner Seele aufleuchtet, dann kannst Du damit nicht angeben. Du kannst ihn nur dankbar annehmen. Du kannst in aller Stille Dein wahres Wesen erahnen. Du bist nicht nur dieser konkrete Mensch, der sich mit seinen Fehlern und Schwächen herumschlägt. Du hast auch auf dem Grund Deiner Seele einen goldenen und göttlichen Glanz, der rein und unverstellt aufleuchtet. Dort, wo das Gold Deiner Seele ist, hat auch die Schuld keinen Zutritt. Dieser innere Kern ist von Schuld nicht infiziert. Gerade wenn es Dir nicht gut geht, wenn Du Dich selbst verurteilst oder wenn andere Dich kritisieren oder verletzen, dann tauche nach innen ab. Zieh Dich zurück in die Kammer Deines Herzens. Dort wirst Du den Goldgrund Deiner Seele entdecken und Dich im Glanz dieser göttlichen Herrlichkeit sonnen. Der Glanz erhellt Dich und wärmt Dich. Er lässt Dich dankbar ausruhen. Du kannst nicht immer im Grund Deiner Seele bleiben. Du musst Dich dann auch wieder den Auseinandersetzungen stellen. Aber von Zeit zu Zeit in den Goldgrund Deiner Seele hinabzusteigen, tut Dir gut.

Schatzsuche im Alltag

Der Alltag ist nicht nur eine Tretmühle oder eine Last, die wir zu tragen haben. Wie wir den Alltag erleben, hängt immer von der Sichtweise ab. Wir dürfen den Alltag auch als Schatzmeister verstehen. Er hält einen unermesslichen Reichtum für uns bereit. Er gibt uns seine Kostbarkeiten preis, wenn wir uns mit ihm befreunden. Es sind die Selbstverständlichkeiten, die das Leben reich machen. Das, was jeder wie von selbst versteht.

Das Glück ist immer gegenwärtig, immer verfügbar: Der Herzschlag, der Gesang der Vögel, ein neuer Morgen, ein Frühlingstag nach einem langen Winter, der Blick in den Sternenhimmel, der erste hoffnungsvolle Spaziergang nach einer Krankheit, die Gegenwart des geliebten Freundes. Das alles sind Dinge von unermesslichem Reichtum, die unser Leben hell und golden erstrahlen lassen – wenn wir sie sehen.

Rudolf Alexander Schröder (1878–1962), von dem auch viele Kirchenlieder stammen, hat in einem Gedicht etwas vom Gold ausgedrückt, das in jedem Ding bereitliegt, wenn wir die Dinge mit offenen Augen betrachten, mit Augen, die noch staunen können.

Zwei Voraussetzungen nennt er, um den Alltag zu vergolden: Die erste Voraussetzung ist das richtige Verstehen. Das richtige Verstehen der Dinge drückt sich darin aus, dass wir alles genießen können, was sich uns darbietet: die Sonne, aber auch die trüben Tage und sogar die Dinge, die sich uns entzogen haben, die wir einmal besessen haben, aber nun lassen mussten:

Wer das versteht: die Sonne zu genießen,
die kurzer Fahrt den kühlen Himmel grüßt;
wer das versteht: mit Tagen hinzufließen,
indem er auch die trüberen genießt;
wer das versteht: sich allem aufzuschließen,
was sich auch immer scheu in ihm verschließt;
wer das versteht: mit Dingen, die ihn ließen,
zu sein, als hätt er sie nicht eingebüßt;
wer das verstünd –: nun aber wendet sich
das Lied und sagt, bevor es schweigt,
mit Lächeln: Reichtum ist in jedem Ding.
Auch ein verdorrtes Blatt dünkt königlich,
wenn über ihm sich Liebe neigt.
Nur ohne Liebe wäre die Welt gering.

Das richtige Verstehen setzt Weisheit voraus, mit weisen Augen die Dinge zu sehen, sie nicht besitzen wollen, sondern lassen, wie sie sind. Dann können wir sie auch genießen. Die zweite Voraussetzung ist die Liebe. Alles, worüber die Liebe sich neigt, wird königlich, wertvoll, golden. Auch ein verdorrtes Blatt ist wunderbar, wenn wir es mit Liebe anschauen. Ein einfacher Brief wird kostbar, wenn er mit Liebe geschrieben wird. Indem wir beginnen, die Welt mit anderen Augen zu sehen, und auch kleinen, scheinbar unbedeutenden Momenten Beachtung schenken, lernen wir, das Besondere und Wertvolle im Alltag zu schätzen. Ein tiefergehender, liebevoller Blick auf die Menschen und Dinge in unserem Leben öffnet uns die Möglichkeit, das Gold im Alltag zu entdecken.

Sich vergeben lernen

Versöhnung mit sich selbst

Die sicherlich schwierigste Aufgabe ist die Versöhnung mit sich selbst. Wir liegen oft genug im Streit mit uns. Wir können uns selbst nicht vergeben, wenn wir einen Fehler gemacht haben, der unser Image nach außen hin ankratzt. Wir können nicht Ja sagen zu unserer Lebensgeschichte. Wir rebellieren dagegen, dass wir diese Erziehung hatten, dass wir in diese Situation der Weltgeschichte hineingeboren wurden, dass sich unsere Träume vom Leben nicht verwirklichen ließen, dass wir als Kinder so tief verletzt und an unserer Entfaltung gehindert wurden. Manche bleiben ihr Leben lang in der Anklage und Rebellion gegen ihr Schicksal stecken. Sie klagen bis an ihr Lebensende ihre Eltern an, dass sie von ihnen nicht die Liebe bekommen haben, die sie gebraucht hätten. Sie klagen die Gesellschaft an, dass sie ihr nicht die Chancen eingeräumt hat, die sie von ihr erwartet hatten. Immer sind es die anderen, die schuld sind an ihrer Misere. Sie fühlen sich ihr Leben lang als Opfer. Damit entschuldigen sie ihre Lebensverweigerung. Sie lehnen es ab, sich mit ihrer Lebensgeschichte auszusöhnen, und zugleich weigern sie sich, die Verantwortung für ihr Leben zu übernehmen. Und weil sie für sich selbst keine Verantwortung übernehmen, sind sie auch nicht bereit, in der Gesellschaft eine verantwortliche Stellung zu bekleiden. Sie bleiben ständig auf der Anklagebank.

Versöhnung mit meiner Lebensgeschichte

Versöhnung mit sich selbst heißt zuerst, sich mit der eigenen Geschichte auszusöhnen. Ganz gleich, in welcher Zeit wir geboren wurden, es gibt immer Situationen, denen wir gerne ausgewichen wären. Die Kriegsgeneration hat Schlimmes erlebt. Aber die Kinder des Wirtschaftswunders beklagen sich genauso, dass ihre Kindheit nicht glücklich war, dass die Eltern sie vor lauter Faszination von Geld und Erfolg vernachlässigt hätten. Und die Kinder der 68er-Generation klagen ihre Eltern an, dass sie sich vor lauter Rebellion geweigert hätten, erwachsen zu werden und ihre Aufgabe als Eltern wahrzunehmen. Es gibt nie die ideale Zeit, in die wir hineingeboren werden. Und es gibt nie die idealen Eltern, die wir uns gewünscht hätten. Auch wenn die Eltern es noch so gut meinen, werden Kinder verletzt. Gerade in der Beziehung zu unseren Geschwistern erleben wir, dass diese vorgezogen und wir benachteiligt werden. Die Eltern können noch so gerecht sein, wir werden dennoch das Gefühl haben, nicht in gleicher Weise beachtet zu werden. Viele haben allerdings eine große Last mit sich herumzuschleppen. Sie haben den Vater oder die Mutter früh verloren. Oder der Vater war unzuverlässig. Er hat getrunken und war nach exzessivem Alkoholgenuss unberechenbar, sodass die ganze Familie sich vor ihm fürchten musste. Die Mutter war depressiv und konnte den Kindern kein Urvertrauen schenken. Ein Kind wurde zu Verwandten abgeschoben, weil die Mutter sich nicht in der Lage sah, es zu erziehen. Mädchen wurden sexuell missbraucht von nahen Verwandten oder sogar vom eigenen Vater. Das sind Hypotheken, die nicht so leicht abzutragen sind. Und es braucht oft eine Therapie, um mit solchen Verletzungen fertig zu werden. Aber jede Wunde kann heilen.

Wir können uns unsere Kindheit nicht aussuchen. Aber irgendwann einmal müssen wir uns aussöhnen mit allem, was wir erlebt und erlitten haben. Nur wenn wir bereit sind, uns auch mit unseren Wunden auszusöhnen, können sie sich wandeln. Für Hildegard von Bingen ist es die eigentliche Aufgabe des Menschen, seine »Wunden in Perlen zu verwandeln«. Das gelingt aber nur, wenn ich Ja sage zu meinen Wunden, wenn ich aufhöre, andere dafür verantwortlich zu machen. Die Versöhnung mit meinen Wunden geht allerdings erst einmal über das Zulassen des Schmerzes und der Wut denen gegenüber, die mich verletzt haben. Die Versöhnung mit meinen Verletzungen bedeutet dann zugleich, dass ich denen, die mich gekränkt haben, vergebe. Der Prozess der Vergebung braucht allerdings oft lange. Es ist nicht einfach ein Willensakt.

Ich erinnere mich an eine Frau, die in der Therapie lang und breit ihre Mutterwunde angeschaut hat. Sie wusste genau Bescheid über die Mechanismen, mit denen ihre Mutter sie verletzt hat. Aber sie kam trotz aller Therapie nicht davon los. Das Wissen allein heilt also die Wunden nicht. In unserer monatlichen Jugendvesper konnte sie laut eine Fürbitte für ihre Mutter sprechen und ihr vor den anderen vergeben. Das hat sie befreit. Jetzt hatte sie das Gefühl, dass die Therapie abgeschlossen ist, dass sie wirklich frei geworden ist von ihrer Mutter, an die sie durch ihre Wut immer noch gebunden war. Aber vermutlich brauchte sie auch die lange Zeit des Schmerzes und der Wut, um dann im Gebet die Vergebung nicht nur mit den Lippen, sondern auch mit dem Herzen aussprechen zu können.

Viele machen Gott für ihre verworrene Lebensgeschichte verantwortlich. Sie brauchen die Anklage gegen Gott, um einen Grund zu haben, ihr Leben zu verweigern. Gott ist schuld, dass sie in diese Familienkonstellation hineingeraten sind, dass sie diese Eigenschaften mitbekommen haben, dass sie so viele Defizite haben und so große Lasten mit sich herumschleppen müssen. Gott habe sie ungerecht behandelt, habe sie fallen gelassen und sich nicht um sie gekümmert. So leben sie unversöhnt, in sich selbst zerrissen, unzufrieden mit sich und aller Welt, in ständigem Protest gegen Gott, der für ihr Schicksal verantwortlich sei. Sie können Gott nicht vergeben, der ihnen dieses Geschick bereitet hat. Manche tun sich schwer mit der Vorstellung, dass sie Gott vergeben sollen. Aber zur Annahme der eigenen Lebensgeschichte gehört es auch, dass wir Gott vergeben können, dass er uns diesen Weg zugemutet hat.

Ja zu mir sagen

Die Versöhnung mit sich selbst bedeutet ferner, Ja zu sagen zu dem, der ich geworden bin, Ja zu sagen zu meinen Fähigkeiten und Stärken, aber auch zu meinen Fehlern und Schwächen, zu meinen Gefährdungen, zu meinen empfindlichen Stellen, zu meinen Ängsten, zu meiner depressiven Neigung, zu meiner Bindungsunfähigkeit, zu meinem geringen Durchhaltevermögen. Ich muss liebevoll auf das schauen, was mir gar nicht liegt, was meinem Selbstbild so ganz und gar widerspricht, auf meine Ungeduld, auf meine Angst, auf mein geringes Selbstwertgefühl. Das ist ein lebenslanger Prozess. Denn auch wenn wir meinen, wir hätten uns längst ausgesöhnt mit uns selbst, so tauchen immer wieder Schwächen in uns auf, die uns ärgern, die wir am liebsten verleugnen würden. Dann gilt es von neuem, Ja zu sagen zu allem, was in uns ist.

Ja zu sagen zu mir selbst, heißt, mich mit meinem Schatten auszusöhnen. Der Schatten ist für C. G. Jung das, was wir nicht zugelassen haben, was wir vom Leben ausgeschlossen haben, weil es unserem Bild von uns selbst nicht entsprochen hat. Der Mensch, so sagt Jung, ist polar angelegt. Er bewegt sich immer zwischen Verstand und Gefühl, zwischen Disziplin und Sich-gehen-Lassen, zwischen Liebe und Hass, zwischen Geist und Trieb. Es ist ganz normal, dass wir in der ersten Lebenshälfte einen Pol besonders entfalten und den anderen dabei vernachlässigen. Der vernachlässigte Teil wird dann in den Schatten verbannt.

Dort gibt er aber keine Ruhe, sondern rumort weiter in uns. Das verdrängte Gefühl äußert sich in uns als Sentimentalität. Wenn die Aggression verdrängt wurde, weil sie nicht unserem Selbstbild entsprach, äußert sie sich oft in Härte und Kälte oder aber in der Depression, in der wir die Aggression gegen uns selbst richten. Spätestens in der Lebensmitte sind wir herausgefordert, uns dem Schatten zu stellen und uns mit ihm auszusöhnen. Sonst werden wir krank, sonst entsteht in uns ein Zwiespalt und wir werden innerlich zerrissen. Wir müssen uns damit aussöhnen, dass in uns nicht nur Liebe ist, sondern auch Hass, dass trotz allen religiösen und moralischen Sterbekassen mörderische Tendenzen in uns sind, sadistische und masochistische Züge, Aggressionen, Wut, Eifersucht, depressive Stimmungen, Angst und Feigheit.

Wer sich dem eigenen Schatten nicht stellt, der projiziert ihn unbewusst auf andere. Er gibt die eigne Disziplinlosigkeit nicht zu und sieht sie nur bei den anderen. Dann schimpft er über den Ehepartner, den Freund, den Mitarbeiter, die ihr Leben nicht konsequent leben und sich zu sehr gehen lassen. Den Schatten annehmen heißt nicht, ihn einfach auszuleben, sondern zuerst einmal, ihn sich einzugestehen. Das verlangt Demut, den Mut, herabzusteigen vom hohen Idealbild, sich hinabzuneigen in den »Schmutz« der eigenen Realität.

Zur Aussöhnung mit sich selbst gehört auch die Aussöhnung mit dem eigenen Leib. Das ist gar nicht so einfach. Den Leib können wir nicht ändern. In Gesprächen erfahre ich immer wieder, wie viele Menschen an ihrem Leib leiden. Der Leib ist nicht so geworden, wie sie ihn gerne hätten. Er entspricht nicht dem Idealbild, das die gesellschaftliche Mode heute vom Mann oder von der Frau hat. Viele fühlen sich zu dick und genieren sich deshalb. Sie halten ihr Gesicht nicht für attraktiv. Sie fühlen sich in ihrem Körperbau benachteiligt.

Nur wenn ich meinen Leib liebe, so wie er ist, wird er auch schön. Denn Schönheit ist relativ. Es gibt die schöne Puppe, die aber kalt und ausdruckslos ist. Schönheit heißt, dass Gottes Herrlichkeit durch mich hindurchstrahlt. Das wird sie aber nur, wenn ich meinen Leib annehme und Gott hinhalte. Nur so kann er durchlässig werden für Gottes Liebe und Schönheit.

Ich gebe manchen, die an ihrer Lebensgeschichte, an ihrem Schatten oder an ihrem Leib leiden, bewusst als Übung auf, sich vor die Ikone zu setzen und im Blick auf Jesus Christus zu sagen: »Es ist alles gut. Es darf alles so sein, wie es ist. Es hat alles seinen Sinn. Ich danke Dir, dass ich so geworden bin, wie ich jetzt bin. Ich danke Dir für meine Geschichte, für die Höhen und Tiefen, für die Irrwege und Umwege. Du hast mich geleitet. Ich danke Dir für meinen Leib. Er ist einmalig. Ich fühle mich in ihm zu Hause. Er ist Tempel des Heiligen Geistes, Ort Deiner Herrlichkeit.« Das ist oft gar nicht so einfach. Wenn ich gerade meiner Not begegnet bin, widerstrebt es mir, dafür auch noch zu danken. Und wenn ich gegen meinen Leib rebelliere, fällt es mir nicht so leicht, ihn lieb zu gewinnen. Aber ob ich meinen Leib lieben kann oder nicht, hängt nicht nur von seiner

Beschaffenheit ab, sondern von meiner eigenen Sichtweise. Jeder Leib ist schön, wenn ich ihn vorurteilslos anschaue, wenn ich ihn als Kunstwerk Gottes betrachte. Wenn ich versuche, mich und meinen Leib, meine Lebensgeschichte und meinen Charakter von Gott her zu sehen und Gott dafür zu danken, dann kommt auf einmal ein tiefer Friede in mir auf. Ich spüre eine Weite. Und ich erahne, dass alles wirklich gut ist, dass mich gerade auch das Schwere in meinem Leben wachhält, damit ich mich wirklich auf Gott verlasse und nicht auf mich selbst.

Noch schwerer ist es, uns mit unserer eigenen Schuld zu versöhnen und sie uns zu vergeben. Wir können uns nur selbst vergeben, wenn wir mit ganzem Herzen daran glauben, dass Gott uns vergeben hat, dass wir von Gott bedingungslos angenommen sind. Viele nehmen die Vergebung Gottes nicht ernst. Sie sagen zwar, dass sie daran glauben. Aber im Innersten des Herzens haben sie sich ihr Versagen nicht verziehen. Sie werfen sich immer noch vor, dass sie damals diese Schuld auf sich geladen haben. Ich erlebe gerade bei älteren Männern, die im Krieg waren, dass sie sich selbst verurteilen und verdammen. Sie erinnern sich, in welche Gräueltaten sie verstrickt waren. Jahrelang haben sie das verdrängt. Nun taucht es wieder auf. Und sie können sich nicht mehr verzeihen. Sie können nicht daran glauben, dass Gott ihnen wirklich vergeben hat. So zerfleischen sie sich mit Schuldvorwürfen. Sie haben in sich einen unbarmherzigen Richter, der sie erbarmungslos verurteilt. Gott ist viel gnädiger mit uns, als wir es uns selbst gegenüber sind. »Wenn das Herz uns auch verurteilt – Gott ist größer als unser Herz, und er weiß alles« (1 Johannes 3,20). An die Vergebung Gottes zu glauben, heißt, Gott an die Stelle unseres unbarmherzigen Über-Ichs zu setzen, zu vertrauen, dass Gott alles in uns annimmt, dass er das, was wir uns immer noch vorwerfen, längst weggeworfen, abgewischt, verwandelt hat. Der Glaube an die Vergebung durch Gott soll unseren Blick von unserer eigenen Schuld abziehen und ihn auf Gottes Barmherzigkeit lenken. Vor Gottes gütigen Augen können wir den Frieden mit uns selbst finden und Ja sagen zu uns, eben weil wir ganz und gar von Gott bejaht sind. Die Vergebung sich selbst gegenüber ist manchmal noch schwerer, als dem anderen zu vergeben. Aber sie ist die Voraussetzung, dass wir bewusst und achtsam im Augenblick leben können, ohne die Trübungen der vergangenen Schuld, die wir uns insgeheim immer noch vorwerfen.

Beim Propheten Jesaja spricht Gott uns zu: »Wären eure Sünden auch rot wie Scharlach, sie sollen weiß werden wie Schnee. Wären sie rot wie Purpur, sie sollen weiß werden wie Wolle« (Jesaja 1,18). Wenn Gott uns vergibt, dann verliert unsere Schuld ihre Kraft, dann kann sie uns nicht mehr trüben, dann sieht man sie unserer Haut nicht mehr an. Sie wird vielmehr weiß wie Schnee, wir fühlen uns wie neugeboren. Wir können wieder ganz neu anfangen. Das Alte belastet uns nicht mehr. Aber wir müssen auch an die Kraft der vergebenden Liebe Gottes glauben, indem wir uns selbst vergeben und uns so von der destruktiven Macht unserer Schuld befreien.

Die Versöhnung mit dem Nächsten

Nur wer mit sich selbst versöhnt ist, kann sich auch mit den Menschen in seiner Umgebung versöhnen. Wer in sich selbst gespalten ist, der wird auch die Menschen um sich herum spalten. Die Versöhnung mit den Menschen ist nur möglich, wenn wir bereit sind, ihnen zu vergeben, was sie uns angetan haben. Viele möchten dem anderen vergeben. Aber es gelingt ihnen nicht. Wenn sie es noch so sehr mit dem Willen versuchen, so spüren sie, dass die Verletzung doch weiter in ihnen bohrt. Und wenn sie dem begegnen, der sie so sehr verletzt hat, dann fühlen sie sich wie gelähmt. Sie können nicht auf ihn zugehen. Sie spüren, wie ihnen der Atem stockt, wie ihr Herz schneller schlägt und wie es ihnen die Kehle zuschnürt. Sie können nicht einfach durch einen Willensentschluss vergeben. Sie müssen die eigene Verfassung berücksichtigen und auf ihren Leib hören, der ihnen sagt, dass es noch zu früh ist, zu vergeben.

Schritte zur Versöhnung

Damit wir von Herzen vergeben können, müssen wir die Schritte der Vergebung und Versöhnung der Reihe nach gehen. Wir dürfen keinen Schritt überspringen, sonst bleibt die Vergebung nur im Willen stecken, erreicht aber nicht das Herz. Der erste Schritt der Vergebung ist, dass wir nochmals den Schmerz zulassen, den der andere uns angetan hat. Wir müssen den Schmerz von Neuem durchleiden, um uns davon verabschieden zu können. Manchmal haben wir bei der Verletzung gar nicht wahrgenommen, was da eigentlich abgelaufen ist. Es hat irgendwie wehgetan. Aber schon im nächsten Augenblick haben wir uns anderen Dingen zugewandt und das verletzende Wort verdrängt. Manchmal kommt der ganze Schmerz erst hoch, wenn wir uns nochmals erinnern, wie das genau war. Dann wird uns erst klar, wie unfair und gemein wir da behandelt wurden und wie sehr uns die Worte getroffen haben.

Der zweite Schritt besteht darin, dass wir Ärger und Wut zulassen, die in uns aufkommen, wenn wir dem gegenüberstehen, der uns verletzt hat. Die Vergebung steht am Ende der Wut und nicht am Anfang. Solange der andere, der uns verletzt hat, noch in uns steckt, kann die Wunde nicht heilen. Wenn das Messer in der Wunde bleibt, wird die Wunde sich niemals schließen. Die Wut ist die Kraft, das Messer der Verletzung aus uns herauszuwerfen, den, der uns verletzt hat, aus unserem Herzen zu weisen. Wir brauchen erst eine gesunde Distanz zum Verwunder, um ihm gegenübertreten zu können. Erst dann sind wir fähig, ihm ins Antlitz zu schauen. Solange er noch in uns ist, erkennen wir ihn gar nicht richtig. Wir spüren nur die Verletzung, sehen aber nicht das Gesicht dessen, der uns verletzt hat. Wenn wir ihn aus einer gesunden Distanz heraus sehen, erkennen wir vielleicht, dass er selbst ein verletztes Kind ist, dass er einfach um sich geschlagen hat, weil er selbst soviel geschlagen worden ist, dass er uns gekränkt hat, weil er selbst krank ist.

Der dritte Schritt der Vergebung besteht darin, dass wir aus der Distanz heraus, die wir durch unsere Wut gewonnen haben, nun objektiver beurteilen, was uns so tief verletzt hat. Wir sehen dann, worin die Verletzung eigentlich lag, was da wirklich abgelaufen ist. Und wir erkennen, inwieweit der andere einen Bereich in uns getroffen hat, indem wir schon verletzt sind und daher empfindlich auf jedes Wort reagieren. Wenn die Verletzung uns an der empfindlichen Stelle trifft, dann reißt sie die alte Wunde wieder auf. Und das tut mehr weh als die Verletzung selbst. Wenn wir die Wut zugelassen haben, können wir besser unterscheiden, ob der andere uns bewusst verletzen wollte oder ob wir nur deshalb so gekränkt wurden, weil das Wort die kranke Stelle in uns berührt und die alte Narbe wieder aufgebrochen hat.

Der vierte Schritt ist dann die Befreiung von der Macht des anderen. Solange wir einem anderen nicht vergeben, geben wir ihm Macht über uns. Denn wir sind innerlich immer noch an ihn gebunden. Wir haben die Verletzung vielleicht verdrängt. Aber sobald wir an den anderen denken, kommen Gefühle der Verzweiflung und des Hasses hoch, die uns selbst nicht guttun. Wir tun uns keinen Gefallen, wenn wir an unserem Hass festhalten. Der Hass kann eine Zeitlang durchaus gut sein. Er kann uns die Kraft geben, uns vom anderen zu distanzieren. Aber wenn wir an unserem Hass festhalten, wird er uns zerfressen. Dann bleiben wir immer in der Unfreiheit stecken. Der andere hat immer noch Macht über uns. Manche werden nie gesund, weil sie dem, der sie verletzt hat, noch nicht vergeben haben. Manche können nicht sterben, weil sie nicht fähig sind, denen zu vergeben, die sie verletzt haben. In ihrem Herzen bleibt noch etwas Fremdes stecken. Die Vergebung befreit sie von diesem kalten Stein, der ihr Herz beschwert, von dem Gift, das sie innerlich verbittert. Wenn wir uns in der Vergebung von der Macht des anderen und von seinem vergiftenden Einfluss befreien, dann tut es uns selbst gut, dann ist Vergebung keine Überforderung, sondern Befreiung und Heilung.

Heil werden

Die Therapiemethoden Jesu in den Heilungsgeschichten

In den Heilungsgeschichten sehen wir, wie Jesus auf verschiedene Weise auf Kranke eingeht. Diese verschiedenen Weisen, Kranke zu behandeln und auf sie zuzugehen, könnten wir als »Therapiemethoden« Jesu beschreiben. Es ist interessant, diese »Therapiemethoden« Jesu mit heutigen therapeutischen Schulen zu vergleichen. Dabei werden wir erkennen, dass Jesus keine therapeutische Schule gegründet hat. Er geht vielmehr von seinem inneren Gespür her auf die Menschen ein.

In den Heilungsgeschichten können wir beides entdecken: die Therapiemethoden Jesu und zugleich unsere Wege zum Heilwerden. Jesus heilt nicht einfach wie ein Arzt, der Krankheiten wegnimmt, sondern er begegnet den Menschen, konfrontiert sie mit ihren Wunden und zeigt ihnen einen Weg, wie sie in der Begegnung mit ihm heute heil werden können. Daher sind die Heilungsgeschichten nicht nur für Therapeuten und geistliche Begleiter interessant, damit sie etwas für das eigene Handeln lernen. Sie sind zugleich auch eine Einladung an jeden, sich der eigenen Wunden bewusst zu werden und diese in die Begegnung mit Jesus hineinzuhalten. Sie können in der Art, wie Jesus die Kranken geheilt hat, auch Schritte für ihren eigenen Heilungsprozess entdecken.

Das unterschiedliche Verständnis von Krankheit und Heilung in den Evangelien

Schon die Evangelisten haben die Therapiemethoden Jesu in einer gewissen Weise systematisiert. Jeder Evangelist hat ein anderes Verständnis von Krankheit und Heilung. Jeder deutet das, was Jesus an den Kranken tut, auf seine Weise und vor dem Hintergrund seines Verständnisses von Therapie. So könnte man sagen, dass bei Markus Krankheit immer Ausdruck von Besessenheit ist. Bei der Heilung geht es vor allem darum, die Dämonen auszutreiben. Für Markus sind Dämonen unreine Geister, die unser Denken trüben. Der Bibelwissenschaftler Fridolin Stier nennt sie »Aber-Geister«, die den Menschen davon abhalten, seinen Weg zu gehen, weil sie bei allem, was er tut, ein »Aber so geht das nicht« dagegen setzen.

Die Dämonen, so schildert es uns Markus, zerreißen den Menschen, sie zerren ihn hin und her. Sie wollen den Menschen hindern, sich auf die Heilung durch Jesus einzulassen. Das ist das Geheimnis der Aber-Geister, die dem Menschen seine klare Linie rauben und ihn einmal in diese und dann in eine andere Richtung treiben. Wir würden heute unserem psychologischem Wissen gemäß sagen: Dämonen sind neurotische Lebensmuster, psychische Komplexe, Zwänge, fixe Ideen, die uns nicht klar denken lassen. Heilung ist für Markus immer auch Befreiung. Der Mensch wird frei von Lebensmustern, die ihn bestimmen und ihn daran hindern, sein wahres Wesen zu verwirklichen. Er wird frei von den Trübungen seines Denkens und Fühlens. Und er wird frei von den Aber-Geistern, die ihn hin und her zerren und ihn daran hindern, sich auf Heilung einzulassen.

Der Evangelist Matthäus sieht als Judenchrist eine Verbindung zwischen Krankheit und Schuld. Der Psychoanalytiker Sigmund Freud hat dieses Verständnis in seiner kausal-reduktiven Krankheitsdeutung aufgegriffen. Freud führt die Krankheit immer auf eine Ursache zurück. Das ist oft berechtigt. Aber die Gefahr dieser Sichtweise besteht darin, dass ich jedem Kranken vermittle: Du bist selbst schuld daran. So würde jede Krankheit bei uns Schuldgefühle hervorrufen, und wir würden uns ständig fragen: »Was habe ich verkehrt gemacht?« oder »Wo bin ich schuldig geworden?« Oder aber wir würden uns fragen: »Warum bestraft mich Gott mit dieser Krankheit?« Solche Fragen führen nicht weiter. Und Schuldgefühle, mit denen wir auf die Krankheit reagieren, würden uns daran hindern, gesund zu werden.

Heilung hängt bei Matthäus mit Vergebung zusammen. Gesund wird der Mensch nur dann, wenn er vertrauen kann, dass ihm alle Schuld vergeben ist, wenn er sich selbst vergeben kann und wenn er den Menschen vergibt, die ihn verletzt haben. Denn wer nicht vergibt, der ist noch an den gebunden, der ihn verletzt hat. Vergebung ist ein therapeutischer Akt, der auch heute bei vielen heilsam ist.

Lukas erzählt unter allen Evangelisten die meisten Heilungen am Sabbat. Man könnte sagen: Die Krankheit ist für den Griechen Lukas eine Deformation des Menschen. Der Mensch, so wie Gott ihn in der Schöpfung gestaltet hat, ist gebeugt worden, von einer Sucht befallen und innerlich erstarrt. Heilung geschieht, indem Jesus den Menschen wieder in seine ursprüngliche Form bringt: in jene Gestalt, die Gott ihm in der Schöpfung gegeben hat. Wenn der Mensch krank wird, wird – so sagt uns die griechische Philosophie, der Lukas sich verpflichtet weiß – seine Würde beeinträchtigt und die Harmonie seiner Seelenteile zerstört. Heilung ist Wiederherstellung des

Menschen in seiner ursprünglichen Gestalt und Schönheit, in seiner Würde und inneren Harmonie.

Lukas gilt in der Legende als Arzt. Er beherrscht die ärztliche Sprache. Kein anderer Evangelist spricht so oft von »iaomai« – »heilen« – und »therapeuein« – »gesund machen«, »pflegen«, »dienen«. Jesus ist jedoch nicht nur der Arzt, der Kranke heilt, sondern auch der Arzt, der – nach dem Verständnis der Griechen – als Steuermann unser Lebensschiff in die richtige Richtung lenkt. Er ist der Arzt, der uns die Diätetik, die Kunst des gesunden Lebens lehrt. Daher gehört die Lehre Jesu genauso zu seinem therapeutischen Wirken wie seine Heilungstätigkeit.

Beim Evangelisten Johannes könnte man sagen: Krankheit ist Ausdruck dafür, dass der Mensch die Beziehung zu seiner göttlichen Quelle verloren hat. Die beiden wichtigsten Heilungsgeschichten bei Johannes geschehen am Teich von Betesda und am Teich von Schiloach. Wenn der Mensch von seiner göttlichen Quelle abgeschnitten ist, dann wird er krank. Und Heilung geschieht dadurch, dass der Mensch wieder in Berührung mit seiner inneren Quelle kommt.

Dabei muss Jesus den Kranken nicht in die Quelle, in den Teich von Betesda tragen. Vielmehr bringt er ihn allein durch sein Wort und durch seine Begegnung wieder in Berührung mit der inneren Quelle, von der er aber abgeschnitten war und die in ihm sprudelt. Auch diese Sichtweise wird durch heutige Psychologie bestätigt. C. G. Jung ist überzeugt, dass die eigentliche Heilung erst dann vollzogen ist, wenn der Mensch wieder in Berührung kommt mit dem Numinosen – mit dem göttlichen Bereich in sich –, wenn er das Gottesbild in seinem Inneren entdeckt und aus der Quelle des göttlichen Geistes schöpft. Jeder hat in sich eine Quelle von Selbstheilungskräften. Aber es braucht oft einen Anstoß von außen, damit er mit dieser

Quelle in Berührung kommt. Die Seele weiß in ihrer Tiefe oft, was für sie heilsam ist. Aber sie braucht oft die Bestärkung von außen, um ihrem eigenen Wissen zu trauen.

Die Heilung des Gelähmten –
Verwandlung unserer Angst (Johannes 5,1-6)

In der Heilung des Gelähmten, wie sie uns Johannes erzählt, ist der Kranke einfach da, mitten unter vielen anderen Kranken. Aber Jesus sieht sich ausgerechnet diesen einen Menschen an, der schon seit 38 Jahren krank ist.

Der Mann erinnert an den Auszug Israels aus Ägypten. Israel war nach zwei Jahren am Ziel seiner Wüstenwanderung. Doch wegen seiner Rebellion gegen Gott mussten die Israeliten noch 38 Jahre durch die Wüste ziehen, bis alle waffenfähigen Männer gestorben waren. Der Kranke, den Jesus anspricht, ist demnach ein Bild für einen Menschen, der keine Waffen mehr hat, der sich nicht mehr abgrenzen kann, der den Einflüssen von außen schutzlos ausgeliefert ist und deshalb aus Angst vor der äußeren Bedrohung gelähmt ist. Ein solcher sieht beispielsweise zwei Menschen, die miteinander reden. Sofort bezieht er es auf sich selbst und er fragt sich, was diese wohl über ihn reden. Wenn einer traurig blickt, sucht er sofort bei sich selbst die Schuld, und er fragt sich, was er wohl falsch gemacht haben könnte. Weil er sich nicht abgrenzen kann, wird er von allen negativen Stimmungen seiner Umgebung bestimmt.

Jesus tut wieder genau das, was dieser Mensch braucht. Er sieht ihn an, er »vereinzelt« ihn. Er möchte diesem einen Menschen begegnen. Er holt ihn heraus aus der Menge der Kranken. Er erkennt, worum es in seiner Krankheit geht. Hier steht das griechische Wort von der »gnosis«. Jesus hat eine tiefere Schau dieses Menschen. Er durchschaut ihn. Er erkennt ihn bis auf den Grund. Diese tiefere Erkenntnis – Gnosis – bewegt Jesus, den Kranken zu fragen: »Willst du gesund werden?« Er erkennt, dass der Kranke sich willenlos treiben lässt. So fordert er ihn heraus, mit seinem eigenen Willen in Berührung zu kommen.

Viele finden diese Frage sonderbar. Sie meinen, jeder Mensch würde doch gesund werden wollen. Doch die Psychologie spricht vom »sekundären Lustgewinn« : Man hat auch Vorteile von seiner Krankheit. Man braucht dann nicht die Verantwortung für sein Leben zu übernehmen. Ich habe eine Frau ein ganzes Jahr lang begleitet. Aber es hat sich nichts getan. Ich spürte, dass die Frau gar nicht gesund werden wollte. Sie wollte immer wieder Gespräche mit mir haben. Das war der sekundäre Lustgewinn ihrer Krankheit. Wenn sie ihre Probleme gelöst hätte, hätte sie keinen Grund mehr gehabt, mit mir einen neuen Termin auszumachen.

Auf Jesu herausfordernde Frage antwortet der Kranke sehr ausweichend. Er berichtet, warum es ihm so schlecht geht. Die anderen Kranken seien schuld. Denn die seien schneller als er. Und keiner kümmere sich wirklich um ihn. Keiner trage ihn in den Teich, wenn das Wasser in Wallung gerät. Auf diese Worte antwortet Jesus gar nicht verständnisvoll und voller Mitleid, sondern sehr herausfordernd. Ein Therapeut meinte, ihn fasziniere in dieser Geschichte die konfrontierende und desillusionierende Therapiemethode Jesu. Jesus konfrontiert den Kranken mit seiner eigenen Kraft. Er lässt das Jammern nicht zu. Er befiehlt ihm einfach aufzustehen. Und er nimmt ihm die Illusion, als ob alle anderen an seiner Krankheit schuld seien. Er lässt diese Ausrede nicht gelten. So fährt er ihn an mit dem strengen Wort: »Steh auf, nimm deine Bahre und geh!« (Johannes 5,8). Er soll nicht warten, bis die anderen ihn tragen. Er soll selbst aufstehen – mitten aus seiner Schwäche, aus seiner Lähmung heraus. Er soll sich nicht länger von der Bahre fesseln lassen. Die Bahre als Zeichen seiner Krankheit soll er unter den Arm nehmen, gleichsam anders umgehen mit seinen Blockaden. Er soll mit seinen Schwächen und Lähmungen und Unsicherheiten aufstehen. Er soll sich mit seinen Blockaden aussöhnen. Er soll sie unter den Arm nehmen. Dann werden sie ihn nicht am Leben hindern. Dann wird er fähig sein, seinen eigenen Weg zugehen.

Auch hier spüren wir, dass Jesus genau die Therapiemethode anwendet, die für diesen Menschen stimmt. Er lässt sich nicht auf sein Jammern ein, sondern fordert ihn heraus, selbst Verantwortung für sich zu übernehmen. Für mich ist das Wort Jesu zu einem Schlüsselwort geworden. Immer dann, wenn ich mich gelähmt fühle, wenn ich Angst habe, ich könnte mich vor anderen blamieren oder ihnen meine Begrenztheit und Unsicherheit zeigen, rufe ich es mir in Erinnerung. Einfach aufzustehen, mitten aus der Unsicherheit heraus, das ist ein heilsamer Weg, mit seinen Ängsten umzugehen, sie nicht zu verdrängen, aber sich auch von ihnen nicht lähmen zu lassen. Ich muss nicht warten, bis meine Angst geheilt ist. Mitten aus der Angst soll ich aufstehen und meinen Weg gehen.

Viele wollen von unangenehmen Symptomen befreit werden. Doch das Ziel ist nicht, dass alle Symptome der Krankheit verschwinden, sondern dass ich anders mit meiner Angst, meiner Unsicherheit oder meinen Hemmungen umgehe. Ich soll mich nicht mehr von meinen Hemmungen fesseln lassen, sondern sie gleichsam unter den Arm nehmen und mit ihnen unter die Menschen gehen.

Gelassenheit finden

Loslassen

Unser ganzes Leben ist ein ständiges Loslassen. Wir können schon nicht an unserer Kindheit oder an unserer Jugend festhalten. Um zu wachsen und neu zu werden, müssen wir beständig Altes loslassen.

Im Alter wird dieses Loslassen immer deutlicher und oft genug auch schmerzlicher. Wir müssen unseren Beruf loslassen und können uns nicht mehr nur von ihm her definieren. Es bleibt uns letztlich auch nichts anderes übrig, als unsere Kraft loszulassen: Wir können nicht mehr so viel und so schnell gehen, arbeiten, wirken. Menschen, mit denen wir gelebt haben und von denen wir uns angenommen fühlten, gehen von uns. Das Loslassen wird im Alter nur dann gelingen, wenn wir es schon in der Jugend und als Erwachsene eingeübt haben.

Johannes schildert uns am Ende seines Evangeliums, wie Jesus von Petrus verlangt, all das, was er bisher getan hat, loszulassen. Jesus sagt zu Petrus: »Amen, Amen, das sage ich dir: Als du noch jung warst, hast du dich selbst gegürtet und konntest gehen, wohin du wolltest. Wenn du aber alt geworden bist, wirst du deine Hände ausstrecken, und ein anderer wird dich gürten und dich führen, wohin du nicht willst« (Johannes 21,18). Petrus ist offensichtlich sehr impulsiv. Das hat uns Johannes immer wieder beschrieben. Petrus ist der Erste, der auf die Frage Jesu antwortet: »Wollt auch ihr weg gehen?« (Johannes 6,67). Bei der Fußwaschung ist es Petrus, der sich weigert, sich von Jesus die Füße waschen zu lassen. Doch als Jesus ihn davon überzeugt, dass er dessen bedürfe, antwortet er gleich überschwänglich: »Herr, dann nicht nur meine Füße, sondern auch die Hände und das Haupt« (Johannes 13,9). Dieser so aktive Mann muss nun im Alter seinen eigenen Willen loslassen. Jetzt kann er nicht mehr tun, was er möchte und was er als richtig erkannt hat. Er muss die Hände ausstrecken und an sich geschehen lassen. Ein anderer wird ihn gürten und ihn führen, wohin er nicht will.

Keiner will sich in den Tod führen lassen. Doch darum geht es letztlich im Alter: die eigene Vorstellung vom Leben loszulassen und sich auf das einzulassen, was Gott uns zumutet –das eigene Sterben. Dieses Sterben geschieht in Raten. Zuerst müssen wir den eigenen Willen loslassen, dann die Aktivität, dann das eigene Ich und letztlich das Leben. Petrus will zumindest wissen, wie es den anderen ergeht. Daher fragt er Jesus, was denn mit dem Jünger geschehe, den Jesus liebt. Doch Jesus antwortet ihm: »Wenn ich will, dass er bis zu meinem Kommen bleibt, was geht das dich an? Du aber folge mir nach!« (Johannes 21,22). Petrus soll auch das Vergleichen loslassen. Er soll sich auf den Weg einlassen, den Gott ihm zumutet, ohne auf die anderen zu schauen, ob diese länger als er leben. Und er soll auch seinen Tod, den Gott ihm in der Kreuzigung zumutet, nicht mit dem Sterben anderer vergleichen. Jeder stirbt seinen Tod. Und wir haben keine Garantie, wie wir sterben werden. Wir müssen letztlich auch noch unseren Tod loslassen und es Gott überlassen, wie unser Sterben sein wird.

Immer wenn ein Mensch stirbt, mit dem wir viele Erfahrungen geteilt haben, mit dem wir Freud und Leid gemeinsam erlebt haben, nimmt er einen Teil von uns mit zu Gott. Je mehr Menschen aus unserem Umfeld sterben, desto mehr von uns selbst haben sie schon über die Schwelle mitgenommen. Alte Menschen haben oft den Eindruck, dass ein großer Teil von ihnen selbst schon jenseits der Schwelle ist. Manches, worüber sich andere aufregen, wird ihnen unwichtig, weil sie mit ihrem Sein schon in die andere Welt hineinreichen. So geht ihr Blick immer mehr nach innen. Meine Mutter erlebte das Loslassen als schmerzlichen Prozess. Doch am Ende des Loslassens hatte sie einen tiefen inneren Frieden und eine große Gelassenheit. Sie musste nicht nur Menschen loslassen. Auch ihren Rhythmus und ihre Rituale, die sie im Alter treu durchgehalten hat, musste sie aufgeben. Einmal sagte sie zu mir: »Ich kann nicht mehr beten.« Früher betete sie jeden Tag zwei Rosenkränze für die Kinder und Enkelkinder. Das ging einfach nicht mehr. Sie konnte sich nicht mehr auf die Gebetsworte konzentrieren. So blieb ihr nichts anderes übrig, als auch das Beten loszulassen. Sie meinte: »Vielleicht genügt es Gott, einfach Ja zu sagen. Es ist gut so, wie es ist. Mehr kann ich nicht.« Ihr Beten wurde immer einfacher. Gerade in diesen einfachen Worten erkannte sie, was das Wesen jedes Gebetes letztlich ist – die Hingabe des eigenen Lebens an Gott: »Dein Wille geschehe!«

Im Kloster haben wir keine Pensionierungsgrenze. Hier kann jeder so lange arbeiten, wie er möchte. Das hat etwas Heilsames. Denn die alten Mitbrüder fühlen sich noch gebraucht. Und sie haben bis ins hohe Alter hinein eine sinnvolle Beschäftigung. Aber die Gefahr dabei ist, dass einer nicht spürt, wann es für ihn Zeit ist, seinen Posten für einen jüngeren Mitbruder zu räumen.

Wir meinen oft, dass wir weniger werden, wenn wir unsere Arbeit, unsere Kraft, unsere Aufgaben, unsere Bedeutung loslassen. Der

Taoismus kennt eine Parabel, die uns zeigt, dass gerade dann, wenn aller äußere Wert losgelassen worden ist, der eigentliche Wert des Menschen zum Vorschein kommt. Sie erzählt von einem Zimmermann und seinem Lehrling, der eine gewaltige, sehr alte und knorrige Eiche erblickte und darüber staunte: Der Zimmermann sagte zu seinem Lehrling: »Weißt du, warum dieser Baum so gewaltig und so alt ist?« Der Lehrling sagte: »Nein. Warum? Da antwortete der Zimmermann: Weil er unnütz ist. Wenn er nützlich wäre, wäre er schon lange gefällt, zersägt und zur Herstellung von Betten und Tischen verwendet worden. Weil er aber unnütz ist, hat man ihn wachsen lassen. Deshalb ist er nun so groß, dass man in seinem Schatten ausruhen kann.« Weil der Wert des Baumes nur darin lag, Baum zu sein, konnte er frei dem Licht entgegenwachsen – und so wurde er zu einem Baum, der viele Menschen einlud, sich unter seinem Schatten auszuruhen. Wenn wir unseren äußeren Wert loslassen, dann erfahren wir, dass unser wahrer Wert darin besteht, einfach Mensch zu sein. Und dann wird unser Leben fruchtbar. Andere werden kommen, um bei uns auszuruhen. Sie spüren, dass wir nichts mehr wollen, sondern dass wir einfach nur da sind.

Loszulassen vermag ich nur, was ich angenommen habe. Ich kann mein Leben nur loslassen, wenn ich es gerne gelebt habe. Wer nie richtig gelebt hat, der kann sein Leben auch nicht loslassen. C. G. Jung meint, ab der Lebensmitte bleibe nur der lebendig, der bereit ist zu sterben. Sterben ist der Gipfel des Loslassens. Jung hat die Erfahrung gemacht, dass es die gleichen Menschen sind, die in der Jugend nie gelernt haben zu kämpfen und die im Alter unfähig sind loszulassen. Er meint, diese würden das Leben so, wie es ist, nicht akzeptieren. Zum Leben in der ersten Lebenshälfte gehören das Kämpfen und Ringen. Und zum Leben in der zweiten Lebenshälfte gehört das Loslassen. Und wer sein Leben versäumt hat, der hat nichts, was er lassen könnte. Er trauert im Alter dem ungelebten Leben nach. Und so versäumt er die wichtigste Aufgabe des Alters: das Loslassen.

Wer in das Loslassen einwilligt, erfährt eine neue Leichtigkeit. Er fühlt sich wie ein Blatt, das vom Wind nach Hause getragen wird, wie Hermann Hesse einmal schrieb. An anderer Stelle bezeichnet er das Loslassen als Sich-weg-Geben oder auch als Sich-Opfern: »Das Bedürfnis der Jugend ist: sich selbst ernst nehmen zu können. Das Bedürfnis des Alters ist: sich selbst opfern zu können, weil über ihm etwas steht, was es ernst nimmt ... Aufgabe, Sehnsucht und Pflicht der Jugend ist das Werden, Aufgabe des reifen Menschen ist das Sich-weg-Geben oder, wie die deutschen Mystiker es einst nannten, das ›Entwerden‹.« Die deutsche Mystik hat das »Entwerden« als spirituelle Aufgabe erkannt. Das Loslassen geschieht für sie nicht aus Resignation, sondern aus der Sehnsucht heraus, mit Gott eins zu werden. Das eigene Ego loszulassen ist die Voraussetzung, mit dem Grund des Seins und letztlich mit Gott eins zu werden.

Tugenden des Alters

Damit das Älterwerden gelingt, bedarf es einiger Tugenden. Das Wort »Tugend« kommt von »taugen«. Das Alter »taugt« nicht von alleine. Es müssen deshalb Haltungen eingeübt werden, die uns auch im Alter Halt geben. Im biblischen Buch Jesus Sirach, in dem jüdische und griechische Weisheit gesammelt ist, werden verschiedene Tugenden aufgezählt, die den alten Menschen zieren sollen: »Klares Urteil und hilfreicher Rat passen gut zu weißem Haar. Weisheit, Besonnenheit und Einsicht, das ist es, was man von alten, angesehenen Männern erwartet. Die Krone alter Menschen ist die Erfahrung, aber ihr größter Stolz kann nur die Gottesfurcht sein« (Sirach 25,3–6). Hier werden wichtige Tugenden aufgezählt, die den alten Menschen auszeichnen sollen. Zugleich sind dies Tugenden, die man braucht, damit das Altern gelingt. Das »klare Urteil« und der »hilfreiche Rat« kommen nicht von allein. Doch wer im Alter von seinem Ego frei geworden ist, der sieht die Dinge so, wie sie wirklich sind. Er vermag klar zu urteilen und einen guten Rat zu geben. Alte Menschen sehen klarer, wo in einer Situation das eigentliche Problem liegt. Und von ihrer reichen Lebenserfahrung her können sie Geschehnisse besser deuten. Wie wir unser Leben meistern, hängt ja weniger von den konkreten Tatsachen ab, als von deren Deutung. Und da ist die Deutung alter Menschen auch oft hilfreich für die Jungen.

Entscheidend sind für die Bibel die Tugenden der Weisheit, der Besonnenheit und der Einsicht. Beim Propheten Jesaja werden diese drei Tugenden als Gaben des Geistes Gottes aufgezählt (vgl. Jesaja 11,2). Es braucht letztlich den Heiligen Geist, damit wir wahrhaft weise werden, besonnen sind und Einsicht in die tieferen Zusammenhänge der Welt und des menschlichen Lebens bekommen. Solche Tugenden sind nicht nur für den alten Menschen gut, sie sind auch ein Segen für die ganze Gesellschaft.

Gelassenheit

Die Gelassenheit hat mit Loslassen zu tun. Es geht darum, sich selbst und sein Leben loszulassen und sich Gott zu überlassen. Dieses Überlassen gilt gerade auch für die Erfahrung von Krankheit und Tod. Sich gerade in diesen Lebenssituationen in Gottes Hände zu ergeben, das schenkt inneren Frieden.

Gelassenheit meint aber auch, dass ich die Dinge so lasse, wie sie sind. Ich muss die Wirklichkeit nicht ändern. Ich kann Menschen lassen, wie sie sind. Gelassen kann ich sie betrachten, ohne den Druck, sie ändern zu müssen. Gelassenheit hat mit Toleranz zu tun. Ich lasse die anderen gelten, wie sie sind. Ich muss sie nicht ändern.

Der alte Mensch, der gelassen auf sein Leben schaut und der sich nicht resignierend, sondern voll Vertrauen dem Alter überlässt, der lässt auch die anderen Menschen sein, wie sie sind. Von ihm geht etwas aus, das andere anzieht. Denn in seiner Nähe dürfen sie mit ihrer Unzulänglichkeit und Brüchigkeit sein, ohne be- oder gar verurteilt zu werden.

Gelassenheit braucht Zeit. Sie verträgt keine Hektik. Ich muss mir Zeit lassen, um gelassen bei den Dingen zu sein. Ich brauche Zeit, um mich auf ein Gespräch oder auf eine Begegnung einzulassen. Sich Zeit zu lassen ist das Gegenteil von Zeit auszunutzen und sich vom Termindruck bestimmen zu lassen. Indem ich mir Zeit lasse, breche ich aus der Herrschaft der Zeit aus. Ich nehme die Zeit wahr. Ich genieße sie, weil sie mir geschenkt ist. Ich lasse den Druck los, alles in möglichst kurzer Zeit erledigen zu müssen. Ich lasse die Zeit fließen und nehme sie wahr. Zeit ist immer geschenkte Zeit, die Gott und die mir selbst gehört, in der ich mir und meinem wahren Selbst gehöre.

Gelassen ist nur der Mensch, der in seiner Mitte ruht. Oft aber lassen wir uns aus unserer Mitte herausreißen. Wir regen uns über Kleinigkeiten auf. Wir sind immer bei den anderen und lassen uns von ihnen bestimmen. Wer gelassen in seiner eigenen Mitte ruht, der kann auch gelassen auf die Andersartigkeit der Menschen schauen. Er nimmt sie wahr, ohne sie zu beurteilen. Er lässt sie so sein, wie sie sind, und freut sich an ihrem Anderssein.

Wer keine Mitte hat, der lässt sich von jedem Menschen in eine andere Richtung drängen. So fühlt er sich bald zerrissen, hin und her gezerrt von den Meinungen, Erwartungen und Urteilen anderer. Gelassenheit verlangt, mich immer wieder zu spüren, in meine Mitte zu kommen und die anderen dort zu lassen, wo sie sind, und sie so zu lassen, wie sie sind.

Gelassenheit verlangt, sich von den Erwartungen und Ansprüchen zu befreien, die wir an uns selbst stellen. Viele Menschen stehen immer unter Druck: Bei allem, was sie tun, setzen sie sich unter Leistungsdruck. Oder aber sie vergleichen sich mit anderen. Sie können sich nicht auf den Augenblick einlassen, weil sie immer darüber grübeln, was die anderen jetzt über sie denken könnten. Sie sind unfähig, sich auf das einzulassen, was sie gerade tun. Sie haben bei ihrer Arbeit immer Nebenabsichten. Sie arbeiten nicht nur, sondern sie wollen sich in ihrer Arbeit beweisen und andere damit übertreffen. Diese störenden Nebengedanken hindern sie daran, gelassen das zu tun, was sie gerade in die Hand nehmen. Gelassen ist nur der, der bei sich ist, der frei von Gedanken ist, mit denen er ständig sich selbst und sein Tun beurteilt.

Geduld

Die Tugend der Geduld ähnelt in manchem der Gelassenheit. Der gelassene Mensch ist immer auch geduldig. Und doch meint Geduld noch etwas anderes. »Geduld« heißt im Griechischen »hypomone«. Das bedeutet eigentlich: darunterbleiben, etwas tragen, etwas ertragen, etwas aushalten, standhalten. Die Geduld ist wie eine Säule, die das Leben trägt.

Das lateinische Wort für Geduld, »patientia«, hat mit »pati« zu tun, das »Leiden« bedeutet. In Griechenland war der »vielduldende« Odysseus Vorbild der Geduld. Die stoische Philosophie preist die Geduld als die Tugend, die uns über jene Dinge Herr werden lässt, die uns schwer erträglich erscheinen.

Geduld gilt als die Tugend der Weisen. Gregor der Große (um 540–604 n. Chr.) nennt die Geduld die Wurzel und Wächterin aller Tugenden. Paulus sieht im Römerbrief die Geduld mit der Hoffnung zusammen: »Wir wissen: Bedrängnis bewirkt Geduld, Geduld aber Bewährung, Bewährung Hoffnung« (Römer 5,3f). Wer das Leben mit allen Trübsalen in Geduld aushält, der erlangt Standfestigkeit und in dem wächst die Hoffnung auf das, was ihn erwartet. Weil wir auf etwas hoffen, das wir noch nicht sehen, können wir geduldig das durchstehen, was uns im Alter erwartet: »Hoffen wir aber auf das, was wir nicht sehen, dann harren wir aus in Geduld« (Römer 8,25). Geduld bedeutet, dass ich einen anderen mit seinen Fehlern und Schwächen ertrage. Das fällt mir oft schwer. Und es bedeutet ein Leiden: Ich leide am anderen. Aber trotzdem stehe ich zu ihm. Ich lasse ihn gelten. Ich nehme ihn an, wie er ist.

Die Geduld ist vor allem die Tugend des Miteinanders. Damit eine Gemeinschaft gelingt, braucht es Geduld. Der heilige Benedikt fordert in seiner Regel seine Mönche auf: »Sie sollen einander in gegenseitiger Achtung zuvorkommen; ihre körperlichen und charakterlichen Schwächen sollen sie mit unerschöpflicher Geduld ertragen« (Regel Benedikts 71,4f). Damit alte Menschen miteinander in Frieden leben können, bedarf es der Geduld. Alte Menschen können sich nicht mehr groß ändern. Sie müssen einander annehmen, wie sie sind. Und auch für die Jüngeren in der Familie braucht es Geduld. Vielleicht war etwa der Vater immer ein Vorbild an Disziplin. Doch nun lässt er sich gehen. Seine Tischmanieren lassen zu wünschen übrig. Doch ständige Kritik verletzt ihn nur. Wir wissen ja nicht, wie er selbst darunter leidet, dass er seine Hand nicht mehr ruhig halten kann. Geduld trägt den anderen. Er fühlt sich dann getragen und gehalten. Er darf auch mit seinen Schwächen da sein. Das schenkt ihm mitten in seiner Gebrochenheit Geborgenheit und Halt.

Aber Geduld muss der alte Mensch vor allem auch mit sich selbst haben. Wenn ihm manches nicht mehr auf Anhieb gelingt, braucht er Geduld. Der alte Mensch ist nicht von alleine geduldig – es gibt genügend alte Menschen, die sich durch besondere Ungeduld auszeichnen. Sie meinen, sie müssten beim Arzt oder im Supermarkt sofort an die Reihe kommen. Sie können nicht mehr warten. Mir hat ein alter Mitbruder gesagt, den ich immer wegen seiner Liebenswürdigkeit und Lebendigkeit geschätzt habe, dass er im Alter empfindlicher und ungeduldiger werde. Da muss die Tugend der Geduld bewusst erarbeitet werden. Ein alter Mensch muss sich von der Illusion verabschieden, dass er alles genauso schnell wie früher erledigen kann. Er muss von der alten Sicherheit und Festigkeit Abschied nehmen. Manches dauert länger. Manches ist schwächer geworden. Der alte Mensch muss lernen, sich selbst zu ertragen.

Die Geduld braucht zugleich den Humor. Alte Menschen, die ihre Schwächen wahrnehmen und darüber lachen können, erleichtern es auch ihrer Umgebung, besser mit ihnen umzugehen. Hermann Hesse schreibt von der Alterstugend der Geduld: »Hier, in diesem Garten der Greise, blühen manche Blumen, an deren Pflege wir früher kaum gedacht haben. Da blüht die Blume der Geduld, ein edles Kraut, wir werden gelassener, nachsichtiger, und je geringer unser Verlangen nach Eingriff und Tat wird, desto größer wird unsre Fähigkeit, dem Leben der Natur und dem Leben der Mitmenschen zuzuschauen und zuzuhören, es ohne Kritik und mit immer neuem Erstaunen über seine Mannigfaltigkeit an uns vorüberziehen zu lassen, manchmal mit Teilnahme und stillem Bedauern, manchmal mit Lachen, mit heller Freude, mit Humor« (Hesse 72f).

Ein wesentlicher Aspekt der Geduld ist, die Dinge so sein zu lassen, wie sie sind, ohne sie zu bewerten. Wenn ich etwas dulde, dann gebe ich ihm die Erlaubnis, dass es so sein darf, wie es ist. Der Geduldige duldet, dass er so ist, wie er ist. Er erlaubt sich seine eigene Verfassung und Schwäche. Er hört auf, zu bewerten und zu verbieten.

Sanftmut

Für den Wüstenmönch Evagrius Ponticus ist die Sanftmut ein Kennzeichen des wahrhaft spirituellen Menschen. Sanftmut krönt auch alte Menschen. Wer im Alter sanft gegenüber den Menschen und den Dingen in seiner Umgebung ist, der zieht andere an. Sanftmut ist von der Wortbedeutung her der Mut, alles, was in mir ist, zu sammeln. Ich schließe so nichts aus, was mein Leben ausmacht. Ich nehme die verschiedenen Bereiche meiner Seele, die verschiedenen Teilpersönlichkeiten in mir an und sammle sie. Und ich schließe nichts aus meiner Lebensgeschichte aus. Alles gehört zu mir und formt mich zu dem Menschen, der ich jetzt bin.

Für mich wird das Geheimnis der Sanftmut im Gleichnis Jesu vom Festmahl sichtbar, wie es uns Lukas überliefert. Die Eingeladenen kommen nicht. Die Diener sollen nun statt dessen die Armen und die Krüppel, die Blinden und Lahmen herbeirufen. Und als immer noch Platz ist, befiehlt der Herr dem Diener: »Geh auf die Landstraßen und vor die Stadt hinaus und nötige die Leute zu kommen, damit mein Haus voll wird« (Lukas 14,23). Jeder von uns ist zum Festmahl Jesu geladen, zur Feier der Selbstwerdung. Zu diesem Fest sollen wir alles mitbringen, was in uns ist: auch das Arme und Schwache, auch das, was nicht so gewachsen ist, wie wir es gerne gehabt hätten, was uns verkrüppelt erscheint. Wir sollen das Blinde einladen, am Tisch Platz zu nehmen: unsere blinden Flecken, die wir nicht gerne anschauen; und das Lahme: unsere Hemmungen und Blockaden, unsere Ängste und unsere Schüchternheit. Alles will eingeladen werden, damit es mit Christus das Fest der Ganzwerdung feiert. Und dann sollen wir aus der Stadt hinaus auf die staubigen Landstraßen unseres Lebens gehen und alle Leute einladen, die wir treffen. Das, was wir aus unserem Leben ausgeschlossen haben, was wir an den Straßen liegen gelassen haben, was uns nicht wert schien, mitgenommen zu werden, das gehört auch zu uns.

Der alte Mensch sammelt in seiner Erinnerung sein ganzes Leben und bringt es an den Tisch Jesu, damit alles, was ihn ausmacht, sich nicht mehr gegenseitig bekämpft, sondern eins mit Gott und in Christus werde. Wer so sanftmütig geworden ist, der hat den ganzen Reichtum seines Lebens in sich gesammelt, dessen Leben ist reich und weit geworden. Er ist dann auch sanftmütig anderen gegenüber. Er wird sie nicht verurteilen. Er wird bei allem, was ihm am anderen begegnet, sagen: »Das gehört auch zu ihm.«

Wer den Mut hat, alles in sich zu sammeln und Gott hinzuhalten, der wird wahrhaft sanftmütig und von dem geht etwas Mildes und Sanftes aus. Er vermittelt auch anderen den Mut, alles in sich zuzulassen und zu sammeln. In seiner Nähe entdecken auch andere ihren inneren Reichtum. Sanftmütige alte Menschen ziehen andere an, die sich gerne mit ihnen unterhalten. Harte und unbarmherzige Alte dagegen, die über alle Menschen schimpfen und streng über sie urteilen, stoßen ab. Evagrius Ponticus verweist uns auf Mose, von dem die Schrift sagt, er sei sanftmütiger als alle Menschen. Und er verweist uns auf Jesus, der von sich sagt: »Lernt von mir, denn ich bin sanftmütig und demütig von Herzen« (Matthäus 11,29). Der Sanftmütige richtet nicht. Er nimmt den anderen an, wie er ist – weil er selbst alles, was er in sich erfahren hat, angenommen und in sich gesammelt hat.

Nimm dein Leben in die Hand!

Praktische Ideen für den Alltag

Wie treffe ich gute Entscheidungen?

Bei Seminaren für Führungskräfte fragen mich die Teilnehmer in der Gesprächsrunde oft, wie sie lernen können, gute Entscheidungen zu treffen. Viele von ihnen haben den Eindruck, dass sie ständig unter Druck stehen, etwas entscheiden zu müssen. Dieser Druck überfordert sie und kostet Energie. Andere Menschen tun sich schwer, überhaupt etwas zu entscheiden.

Das Thema »Entscheidung« bezieht sich aber nicht nur auf die konkreten Planungen, die wir im Beruf oder auf unserem Lebensweg zu treffen haben. Jeden Augenblick unseres Alltags sollen wir uns entscheiden, entweder Opfer zu sein oder unser Leben selbst zu gestalten. Wir können uns für das Jammern oder für das Ändern, für den Ärger oder für innere Gelassenheit, für das Unglück oder Glück entscheiden.

Viele Bücher, die heute am Markt erscheinen, erwecken den Eindruck, dass wir alles in unserer Hand haben können, dass wir uns durch unsere Entscheidungen für gute Gedanken und Gefühle gleichsam selbst erschaffen dürfen. Das ist übertrieben. Und doch steckt in dieser Sicht ein Körnchen Wahrheit: Wir sind verantwortlich, mit welchen Gedanken oder Gefühlen wir auf das reagieren, was uns widerfährt. In unserer Hand liegt die Entscheidung für oder gegen das Leben. So hat schon Gott den Israeliten vor die Entscheidung zwischen Leben und Tod gestellt: »Leben und Tod lege ich dir vor, Segen und Fluch. Wähle also das Leben, damit du lebst« (Deuteronomium 30,19).

Die Wahl des Lebens ist nicht nur eine grundsätzliche Entscheidung, die wir einmal zu treffen haben. Vielmehr sind wir ständig herausgefordert, uns jetzt in diesem Augenblick für das Leben zu entscheiden. Es gibt die großen Lebensentscheidungen. Bei ihnen geht es darum, zu heiraten oder nicht zu heiraten, diesen oder jenen Beruf zu ergreifen, die Arbeitsstelle und den Wohnort zu wechseln, in der Ehe zu bleiben oder sich scheiden zu lassen. Und es gibt die alltäglichen Entscheidungen: ob ich jetzt dieses oder jenes kaufe, ob ich dahin oder dorthin fahre, was ich zuerst in die Hand nehme, wie ich auf die Bitten der Kinder reagiere, ob ich Ja oder Nein sage. Ständig sind wir vor Entscheidungen gestellt. Oft treffen wir sie, ohne vorher große Überlegungen anzustellen. Aber es ist doch auch hilfreich, sich seine Entscheidungen anzuschauen und nach Wegen zu suchen, wie ich sowohl die vielen kleinen als auch die großen Entscheidungen so treffen kann, dass ich im Einklang mit mir selbst bin.

Hilfen, Entscheidungen zu treffen

Im Folgenden möchte ich einige Hilfen beschreiben, wie wir klare Entscheidungen treffen können.

Wer sich rein vom Verstand leiten lässt, muss oft lange überlegen, bevor er sich entscheidet. Denn rein rational liegen die Argumente für die eine oder andere Entscheidung oft nahe beieinander. So kommen immer neue Überlegungen in ihm hoch. Wer jedoch auf seinen Bauch hört, der entscheidet sich oft spontan. Unser Temperament können wir nicht ändern. Aber mit dem, was wir an Charakter und Eigenschaften mitbekommen haben, können wir gut umgehen. Und so kann jeder – gleich, welche Voraussetzungen er mit sich bringt – lernen, sich besser, klarer und schneller zu entscheiden.

Einstellungen

Der erste Schritt, um zu guten Entscheidungen zu kommen, ist, die eigene Einstellung zu überprüfen. Gehe ich davon aus, dass ich eine absolut richtige Entscheidung treffen muss? Dann sollte ich mich von diesem Ideal verabschieden. Es gibt keine absolut richtige Entscheidung. Ich soll mich für das entscheiden, was klug ist. Die Klugheit ist eine wichtige Hilfe, sich gut entscheiden zu können. Die Klugheit setzt voraus, dass ich die Dinge so sehe, wie sie sind. Dann kann ich mich auch richtig entscheiden. Die Klugheit braucht aber immer auch ein Voraussehen. Die Klugheit ist die Fähigkeit, das zu tun, was für den Menschen jetzt in diesem Augenblick das Beste ist.

Der zweite Schritt, zu Entscheidungen zu kommen, ist, bei sich zu bleiben und sich nicht von der Reaktion der anderen abhängig zu machen. Viele trauen sich nicht, sich zu entscheiden, weil sie ständig darüber nachdenken, was die anderen über diese Entscheidung denken würden. Daher sind sie nicht bei sich und in ihrer Mitte. Sie sind in Gedanken nur bei den anderen. Sie machen ihre Entscheidung von der Reaktion der anderen abhängig.

Natürlich ist die Reaktion der anderen nicht ganz unwichtig. Wenn ich etwa eine schwierige Entscheidung treffe – ich verlasse meine Frau, ich trete aus dem Kloster aus –, dann sollte ich durchaus auch die Reaktionen der anderen bedenken. Ich muss die Reaktion der anderen dann ja auch aushalten. Aber ich muss unterscheiden zwischen der Reaktion guter Freunde, denen wirklich an mir liegt, und der Reaktion der Umgebung, die ihre eigenen unterdrückten Bedürfnisse auf meine Entscheidung projizieren wird. Entscheidend aber ist, dass ich für mich selbst vor Gott und vor den Menschen verantwortlich bin für die Menschen, an die ich mich gebunden habe. Ich muss jede Entscheidung auch in Verantwortung für meine Umwelt treffen. Aber ich darf mich nicht von jeder Reaktion der anderen abhängig machen. Ich muss in Übereinstimmung mit meinem Innersten sein.

Die dritte Haltung, die für das Treffen von Entscheidungen nötig ist, ist die Bereitschaft, auch verlieren zu können. Wer gewinnen will, muss auch verlieren können. Wer Angst hat, er könne als Verlierer dastehen, der ist innerlich gelähmt. Er wird sich nie entscheiden. Er hat nicht nur Angst vor der Reaktion der anderen, sondern auch vor sich und seinem inneren Richter. Solche Menschen können es sich selbst nicht verzeihen, wenn sie als Verlierer dastünden. Doch jeder Sportler weiß, dass er nur dann ein Spiel oder einen Wettkampf beginnen kann, wenn er auch bereit ist, eine Niederlage in Kauf zu nehmen. Er geht zwar mit dem Willen ins Spiel, zu gewinnen. Aber er muss auch damit rechnen, dass die andere Mannschaft oder der Gegner gewinnt. Gerade im Verlieren zeigt sich seine Größe. Ein fairer Verlierer zu sein, zeichnet die Würde eines Menschen aus. Wer immer nur auf der Welle des Erfolges schwimmt, der bleibt an der Oberfläche. Wenn er dann einmal verliert, liegt er völlig am Boden und gibt sich oft selbst auf. Er kann sich selbst nicht verzeihen, dass er verloren hat. Ohne die Bereitschaft, auch einmal verlieren zu können, werde ich mich nie entscheiden.

Die vierte Haltung ist das Vertrauen: Ich habe die Argumente alle bedacht. Jetzt höre ich auf mein Inneres. Ich höre auf die Impulse, die aus meinem Herzen kommen. Ich lege gleichsam die verschiedenen Möglichkeiten der Entscheidung vor den Richterstuhl meines Herzens. Und wohin mein Herz mich spontan treibt, so entscheide ich. Ich bleibe also nicht im Kopf, sondern höre vertrauensvoll auf mein Herz. Und dann entscheide ich, ohne länger zu überlegen. Und ich höre auf, mir nach der Entscheidung Vorwürfe zu machen, dass ich doch nicht gut entschieden hätte. Ich verzichte darauf, die Entscheidung nochmals in Frage zu stellen. Viele verbrauchen sehr viel Energie damit, die getroffenen Entscheidungen nochmals zu hinterfragen. Es ist wichtig, dass ich diese Entscheidung erst einmal verfolge.

Ich weiß nicht, was mir auf dem Weg, den mir die Entscheidung eröffnet hat, alles begegnen wird. Deshalb werde ich später immer wieder nachsteuern und die Entscheidung an das anpassen, was sich mir in den Weg stellt, ohne mit ihr grundsätzlich zu hadern.

Das Vertrauen hat auch mit dem sogenannten Bauchgefühl zu tun. Wenn wir aus dem Bauch heraus entscheiden, treffen wir oft die besten Entscheidungen. Wir meinen, das Bauchgefühl sei irrational. Doch das stimmt nicht. Die Gehirnforschung hat herausgefunden, dass vom Bauch aus wichtige Informationen an das Gehirn geleitet werden. »Die Mehrheit der Nervenstränge führt vom Bauch zum Gehirn, nicht umgekehrt. Das heißt, dass der Bauch permanent das Gehirn mit Informationen und Signalen versorgt« (Meier 26). Der Bauch hat seine eigene Intelligenz, er hat vor allem emotionale Intelligenz. Und der Bauch hat ein gutes Gefühl für Beziehungen. Das wissen wir ja auch sonst. Wenn wir verliebt sind, kribbelt es uns im Bauch. Umgekehrt machen sich auch gestörte Beziehungen im Bauch und Magenbereich bemerkbar. Wir können nicht mehr richtig essen. Wir haben entweder keinen Appetit. Oder aber wir stopfen das Gefühl im Bauch mit zu viel Essen zu, um es zu unterdrücken. Unser Bauchgefühl sagt uns, ob die Beziehung zum anderen stimmt, ob wir auf Dauer mit ihm können, ob er in unsere Unternehmenskultur passt oder ob er in meinen Freundeskreis passt. Das Bauchgefühl sagt mir oft auch, dass etwas nicht in Ordnung ist. Rein rational scheint alles in Ordnung zu sein. Doch in der Tiefe sagt uns der Bauch, dass da noch etwas anderes im Spiel ist.

Konkrete Übungswege

Bei großen Entscheidungen, die mein zukünftiges Leben betreffen – etwa die Entscheidung für eine Partnerschaft, die Entscheidung für einen Beruf oder Berufswechsel, die Entscheidung für einen Ortswechsel, die Entscheidung für einen ehelosen Weg –, gibt es konkrete Hilfen.

Die erste Hilfe besteht darin, dass ich mir die Zukunft vorstelle: In zehn Jahren lebe ich mit dieser Partnerin oder ohne sie. Was für Gefühle steigen in mir hoch, wenn ich mir vorstelle, mit dieser Partnerin zusammen zu sein? Und welche Gefühle spüre ich in mir, wenn ich mir die Zukunft ohne sie vorstelle? Oder ich stelle mir vor: In fünf Jahren bin ich noch in diesem Beruf. Wie geht es mir dann? Oder ich bin an der neuen Stelle, für die ich gerade angefragt werde. Welche Gefühle stellen sich dann in mir ein? Ich vergleiche dann die Gefühle bei den jeweiligen Alternativen. Dort, wo mehr Friede, Lebendigkeit, Freiheit ist und wo mehr Liebe fließt, liegt auch die Einladung, mich dafür zu entscheiden. Wenn bei einer Alternative die Angst und die Befürchtungen überwiegen, ist das ein Zeichen, dass dies nicht mein Weg ist.

Ich kann auch fragen: Was ist der Wille Gottes? Die frühen Mönche haben die Lehre von der Unterscheidung der Geister entwickelt. Sie unterscheiden den Willen Gottes vom Willen der Dämonen. Und sie unterscheiden die Gedanken, die von Gott kommen, die von den Dämonen kommen und die aus mir selbst herausfließen. Um zu entscheiden, woher die Gedanken kommen, kann ich auf die Qualität meiner Seele achten, auf die Art und Weise, wie meine Seele auf die Gedanken reagiert. Gedanken, die von Gott kommen, bewirken in mir Friede, Freiheit, Lebendigkeit und Liebe. Gedanken, die von den Dämonen – wir würden heute eher sagen: die aus dem Über-Ich – kommen, rufen in mir Angst und Enge hervor. Sie geben mir das Gefühl von Überforderung. Ich fühle mich angespannt. Ich verkrampfe mich innerlich. Gedanken, die aus mir kommen, zerstreuen. Sie sind unverbindlich. Ich gehe in den Räumen dieser Gedanken spazieren, ohne mich festzulegen. Solche Gedanken zentrieren nicht, sondern lösen mein Selbst auf. Diese Unterscheidung der Geister, wie sie die Mönche entwickelt haben, kann uns bei unseren Entscheidungen helfen. Dort, wo diese vier Qualitäten der Seele – Friede, Freiheit, Lebendigkeit und Liebe – sind, dorthin soll ich mich entscheiden. Dort finde ich den Willen Gottes. Dort liegt für mich der Segen Gottes.

Die vier Qualitäten der Seele entsprechen dem, was die Bibel immer als Kennzeichen des Geistes Jesu beschreibt. Jesus selbst sagt von sich: »Ich bin der Weg und die Wahrheit und das Leben« (Johannes 14,6). Dort, wo Lebendigkeit ist, ist Jesus mit seinem Geist. Der Apostel Paulus sagt von Jesus: »Der Herr aber ist der Geist, und wo der Geist des Herrn wirkt, da ist Freiheit« (2 Korinther 3,17). Und im Galaterbrief zählt Paulus unter die Früchte des Geistes vor allem die Liebe und den Frieden.

Die zweite Hilfe und Übung geht ähnlich wie die erste, aber meine Vorstellung ist zeitlich versetzt. Ich gehe zwei Tage mit der festen Vorstellung in den Tag: Ich habe mich dafür entschieden, ins Kloster zu gehen. Oder ich habe mich entschieden, in diesem Beruf und an dieser Stelle zu bleiben. Ich stehe auf mit dem Gedanken, mich dafür entschieden zu haben. Beim Frühstück gehe ich mit diesem Gedanken schwanger. Wenn ich spazierengehe, ist es klar, dass ich mich so entschieden habe. Bei den Gesprächen mit anderen habe ich immer diese Entscheidung im Hinterkopf. Dann schreibe ich die Gefühle auf, die ich in diesen beiden Tagen hatte. Anschließend gehe ich zwei Tage mit der anderen Entscheidung durch meinen Alltag. Ich stehe auf mit dem Gedanken: Ich habe mich gegen das Kloster oder gegen diese Arbeitsstelle entschieden. Beim Frühstück, bei der Arbeit, in der Freizeit, überallhin begleitet mich der Gedanke, diese Alternative zu leben. Dann schreibe ich nach zwei Tagen wieder die Gefühle auf, die ich dabei hatte. Und dann vergleiche ich die Gefühle, die ich jeweils an den beiden Tagen hatte. Dorthin, wo die Gefühle von Frieden, Freiheit, Lebendigkeit und Liebe überwiegen, will sich meine Seele entscheiden.

Manchmal schafft diese Übung noch keine Klarheit. Dann ist es wichtig, zu warten. Manchmal ist es wichtig, sich Fristen zu setzen, innerhalb derer wir uns entscheiden sollen. Aber trotzdem können wir nicht jede Entscheidung »aus dem Ärmel schütteln«. Und wenn wir uns dann zu sehr unter Druck setzen, hilft es uns nicht weiter. Wir brauchen dann Geduld.

Manchmal habe ich erlebt, dass diese Übung ein Anstoß war, einen Entscheidungsprozess in Gang zu setzen. Beim ersten Mal lag die Entscheidung eher für den Verbleib im Kloster, an der Arbeitsstelle oder in der Ehe. Mit der Zeit kristallisierte sich dann aber eine andere Entscheidung heraus. Wichtig ist, dass dann irgendwann Klarheit herrscht. Es braucht hier beides: die Geduld, dass eine Entscheidung heranreift, und den Mut, die Entscheidung zu treffen. Irgendwann muss ich springen. Allerdings kann ich gerade grundsätzliche Entscheidungen über mein Leben nicht durch eine zeitliche Frist erzwingen. Auf der einen Seite ist es gut, mir vorzusagen: Innerhalb von drei Wochen muss ich mich entscheiden. Aber ich habe auch oft erlebt, dass so eine zeitliche Grenze die Menschen zu sehr unter Druck setzt. Und dieser Druck war nicht förderlich für eine freie Entscheidung. Auf der einen Seite soll ich mich herausfordern, auf der anderen Seite mir auch Zeit lassen, damit ich dann zum Sprung ansetze, wenn dieser Sprung mich wirklich weiterbringt.

Eine dritte Hilfe und Übung besteht darin, den Träumen oder inneren Bildern zu trauen, die Gott mir schickt. Ich kann Gott bitten, dass er mir einen Traum schickt, der mir bei meiner Entscheidung helfen kann. Manche Menschen haben eine innere Gewissheit darüber, was ihnen Träume sagen möchten. Carl Gustav Jung sagt: Man soll dem Traum die Entscheidung nicht überlassen. Man soll den Traum nur in die Entscheidung mit einbeziehen. Er ist eine wichtige Stimme, die gehört werden will. Aber die Entscheidung ist dann eine klare Sache des Willens, der den Verstand, das Gefühl und die inneren Bilder der Träume berücksichtigt. Doch manche Menschen haben nach einem Traum die innere Gewissheit, dass sie sich so entscheiden müssen. Es ist weniger eine Deutung des Traumes, die sie zur Entscheidung drängt, sondern das Gefühl, das sie beim Aufwachen haben.

Es müssen nicht immer Nachtträume sein, die uns bei der Entscheidung helfen. Es können auch innere Bilder sein, die in uns aufsteigen. Sie zeigen uns auf einer tieferen Ebene, wie wir uns entscheiden sollen. Allerdings ist es wichtig, auch diese Bilder bewusst zu betrachten und auf dem Hintergrund der Bilder die Entscheidung zu treffen. Wir dürfen den Bildern nicht die Entscheidung überlassen.

Ein Arzt kam zu mir mit der Frage, ob er eine Arztpraxis in seiner Kleinstadt übernehmen oder aber eine Oberarztstelle im Krankenhaus annehmen solle. Die rationalen Gründe ließen keine Klarheit erkennen. Beide Wege waren vernünftig und gangbar. So lud ich ihn ein, die Augen zu schließen und wahrzunehmen, welche Bilder in ihm aufsteigen, wenn er sich vorstellt: Ich habe die Arztpraxis übernommen. Nach ein paar Minuten machte er die Augen auf und erzählte, ihm sei das Bild gekommen, dass er hinter einem großen Schreibtisch sitze und betrunken sei. Der Arzt hatte keine Alkoholprobleme. Doch das Bild, das aus seinem Inneren emporstieg, machte ihn hellhörig. Ich sagte ihm, er solle sich noch nicht sofort entscheiden, sondern die Nacht noch abwarten. Aber er solle das Bild ernst nehmen. Er entschied sich schließlich gegen die Arztpraxis. Und die Realität zeigte ihm, dass seine Entscheidung richtig war. Er ist auf diesem Weg gut weitergegangen und ist schließlich Chefarzt geworden. Seine Seele hat ihm in den Bildern geholfen, sich zu entscheiden.

Leider sind die Bilder nicht bei allen Menschen so klar wie bei diesem Arzt. Aber wir sollen auf jeden Fall nicht nur mit dem Verstand an die Entscheidung herangehen, sondern immer auch mit dem Herzen, das uns oft Bilder bereitstellt, die uns einen Weg weisen.

All diese Methoden sind jedoch kein Wundermittel, das mir immer die richtige Entscheidung ermöglicht. Manchmal bleiben diese Methoden ohne konkretes Ergebnis. Ich begleite seit zwanzig Jahren Priester und Ordensleute im Münsterschwarzacher Recollectio-Haus. Sie kommen oft mit der Frage, wie sie sich entscheiden sollen: für oder gegen ihr Priestertum, für oder gegen die Pfarrei, in der sie die letzten Jahre waren, für oder gegen das Ordensleben. Manche kommen mit dem inneren Druck: Nach den zwölf Wochen dort muss ich ganz klar wissen, was ich will und wie mein Leben in der Zukunft aussieht. Sie wollen sich für immer klar entscheiden. Doch dann setzen sie sich oft unter Druck und geraten manchmal in Panik, weil sie auch nach neun Wochen immer noch nicht klar sehen, wie sie sich entscheiden sollen. Ich versuche, den Gästen dann zu vermitteln: Sie müssen sich nicht für Ihr ganzes Leben entscheiden. Sie müssen entscheiden, was sie nach den zwölf Wochen tun wollen: ob Sie zurückkehren in ihre Pfarrei oder den Personalchef um einen Wechsel oder um eine noch längere Auszeit bitten. Sie müssen sich entscheiden, ob sie zurück in den Orden gehen oder um Beurlaubung bitten, um sich noch länger zu erproben.

Bei all den Entscheidungen, die wir zu treffen haben, müssen wir immer auch die eigene Seele berücksichtigen. Manche Ordensleute oder Priester haben sich zu schnell für ihren Weg entschieden. Jetzt wäre es gut, sich Zeit zu lassen und dem zu trauen, was in ihnen heranreift. In der Begleitung spürt man oft, ob die Zeit für eine Lebensentscheidung wirklich da ist oder ob sich der Gast noch mehr Zeit und Raum zugestehen sollte.

Doch genauso wie der Gast die Erfahrung innerer Freiheit braucht, um sich gut entscheiden zu können, muss auch ich als Begleiter diese Freiheit haben. Ich brauche als Begleiter die Indifferenz, die Ignatius von Loyola für den Entscheidungsprozess des Exerzitanten verlangt. Ich spüre in mir, wie ich den Gast gerne in eine Richtung drängen möchte. In mir ist die Tendenz, einen Priesterberuf oder Ordensberuf zu retten. Doch ich muss in der Begleitung von den eigenen Wünschen frei werden. Es geht darum, was für den anderen mehr Frucht und Trost bringt, was ihn auf den Weg zu größerer Lebendigkeit, Freiheit, Frieden und Liebe führt. Es geht nicht darum, dass ich ein gutes Ergebnis meiner Begleitung vorweisen kann, dass ich dem Bischof einen Priester zurückgeben kann oder dem Orden eine Ordensfrau bewahre. Es geht einzig und allein um den Willen Gottes für diesen Mann und für diese Frau. Alle egozentrischen Wünsche müssen zurücktreten.

Wie kann ich meine Ängste und Sorgen loslassen?

Sich absichern

Ein japanischer Zenmeister erzählte von jungen Menschen, die zu ihm kamen, um zu überlegen, wie sie ihr Leben gestalten sollten. Er war erschrocken, als er sie reden hörte. Anstatt das Leben zu wagen und sich auf einen Beruf einzulassen, sprachen sie voller Bedenken: Die Welt ist so unsicher. Wenn ich mich auf diese Firma einlasse, wer zahlt dann meine Rente? Sie dachten jetzt, in ihren jungen Jahren schon an die Rente, anstatt sich erst einmal auf das Wagnis des Lebens einzulassen.

Das ist sicher ein extremes Beispiel. Aber ich erlebe doch bei manchen jungen Menschen ein Überwiegen der Bedenken gegenüber dem Mut, etwas zu wagen. Eine Frau erzählte mir von einem Studenten, der mit sechsundzwanzig Jahren schon eine Sterbeversicherung abgeschlossen hat, um seinen Grabplatz auf dem städtischen Friedhof zu sichern. Die Frau machte ihm Mut, er solle doch erst einmal sein Leben leben, bevor er an die Sterbeversicherung denkt. Doch er wunderte sich, dass die anderen noch keine Sterbeversicherung abgeschlossen haben. Er dachte sofort ans Ende und übersprang sein Leben.

Die Bedenken beziehen sich auf verschiedene Bereiche. Da ist einmal die Angst, nicht genügend vorbereitet zu sein für das Leben. Daher muss man zuerst noch diese oder jene Ausbildung machen. Vor lauter Angeboten, was es an guten Ausbildungsmöglichkeiten gibt, wird man nie fertig. Ich erlebe Männer, die mit vierzig Jahren noch in der Ausbildung sind und noch nie richtig gearbeitet haben. Sie haben eine wichtige Phase in ihrem Leben übersprungen. Sie meinen, nach der Ausbildung würden sie dann richtig loslegen. Aber ich spüre in mir Bedenken, wenn ich das höre. Oft kommen diese Menschen gar nicht richtig in die Gänge. Sie sind die ständige Ausbildung und Fortbildung so gewohnt, dass sie sich auf eine konkrete Arbeit gar nicht mehr einlassen können.

In der Betriebswirtschaft spricht man von Input und Output. Wir müssen in die Firma etwas hineinstecken, damit etwas herauskommt. Das gilt auch für unser persönliches Leben. Wir müssen lernen, etwas in uns aufzunehmen, damit dann etwas aus uns herausfließen kann. Doch bei manchen Menschen habe ich den Eindruck, dass sie sich vor lauter Input verschlucken. Sie brauchen immer noch mehr Informationen. Sie sitzen ständig am Computer und durchforschen das Internet nach interessanten Informationen. Aber vor lauter Informationen kommen sie nicht mehr dazu, selbst etwas in die Hand zu nehmen und diese Welt zu gestalten. Vor lauter Gießen ertrinken die Pflanzen, anstatt aufzublühen.

Nur von Informationen kann ich nicht leben. Das Leben bleibt nur im Gleichgewicht, wenn Input und Output miteinander korrespondieren. Wenn nie etwas aus mir herauskommt – oder wenn ich nur ganz wenig Energie für mein Leben aufwende –, dann blockiere ich auf die Dauer die Energie in mir selbst. Ich erlebe dann solche Menschen, wie sie ständig krank sind. Weil die Energie nicht nach außen fließen kann, wendet sie sich gegen den Menschen selbst. Die allzu starke Absicherung hat auch ganz praktische Nachteile. Wenn Menschen zu viele Ausbildungen machen, tun sie sich beispielsweise schwer, am Arbeitsmarkt noch eine Anstellung zu finden, weil sie überqualifiziert sind. Niemand will sie nehmen, weil sie zu viele Qualifikationen erworben haben. Der Arbeitgeber hat Angst, er müsse dann für die Qualifikationen einen erhöhten Lohn zahlen, den diese Tätigkeit nicht hergibt. Und so erreichen Menschen mit zu vielen Ausbildungen gerade das Gegenteil von dem, was sie sich vorgestellt haben. Sie finden keine Stelle und versäumen nochmals viel Zeit mit der Suche nach einer geeigneten Arbeit.

Manchmal liegt der Grund für die ständigen Fortbildungen entweder in einem übersteigerten Selbstbild oder aber in einem Mangel an Selbstvertrauen. Manche fühlen sich für die normalen Arbeiten zu gut. Sie haben ein so hohes Selbstbild, dass sie sich nicht mehr auf die Durchschnittlichkeit des Lebens einlassen können. Sie haben Angst, dass sie eine Arbeit bekommen, die auch ganz einfache Tätigkeiten verlangt. Sie fühlen sich bereits als Chefs von Abteilungen und weigern sich, erst einmal die einfachen Arbeiten zu tun, um sich auf diese Weise hochzuarbeiten. Andere brauchen eine Fortbildung nach der anderen, weil sie sich nichts zutrauen. Sie meinen, erst durch die Fortbildung würden sie befähigt, diese oder jene Arbeit zu bewältigen. Doch mit jeder Fortbildung wächst die Angst, den Anforderungen der Arbeit doch nicht gewachsen zu sein.

Ich kann eine Arbeitsstelle nur dann finden, wenn ich genügend Demut aufbringe, mich zuerst einmal auf banale Arbeiten einzulassen. Erst wenn ich mich eingelassen habe, kann ich meine Arbeit verändern, kann ich neue Ideen einbringen und zu vermeintlich »wichtigerer« Arbeit aufsteigen. Jesus formuliert das im Lukasevangelium so: »Wer in den kleinsten Dingen zuverlässig ist, der ist es auch in den großen, und wer bei den kleinsten Dingen Unrecht tut, der tut es auch bei den großen« (Lukas 16,10). Jede Firma will den Mitarbeiter erst einmal in kleinen Dingen testen, bevor sie ihm größere und wichtigere Aufgaben zutrauen kann.

Andere haben Angst, dass sie von diesem konkreten Beruf oder von dieser konkreten Arbeit überfordert sind. Sie wollen sich absichern, dass sie keinen Burn-out bekommen, wenn sie diese Arbeit übernehmen. Wenn eine Arbeit ansteht, dann überlegen sie erst, was das mit ihnen macht, ob sie da nicht zu viel arbeiten müssten. Sie sichern sich ab, damit sie ja nicht über ihre Grenze gefordert werden. Aber dadurch entdecken sie nie, wozu sie fähig sind. Sie stecken schon zu früh die Grenze ab, innerhalb der sie leben wollen. Und so kommen sie nie über die Grenze hinaus. Ihr Leben kreist immer innerhalb der engen Grenzen, die sie sich selbst gesetzt haben.

Was meine Grenze ist, das erkenne ich aber erst, wenn ich über diese Grenze hinausgegangen bin. Natürlich ist es wichtig, Grenzen zu setzen. Wer maßlos arbeitet, der gerät leicht in eine Überforderung und vielleicht sogar in einen Burn-out hinein. Doch wer seine Grenzen zu früh setzt, der wird nie richtig in Gang kommen. Er wird immer mit angezogener Handbremse arbeiten. Doch wer ständig bremst, kommt nur sehr schwer weiter. Er braucht zu viel Energie für das Bremsen, und dann ist es wie beim Auto fahren: Diese Energie fehlt ihm beim Fahren. Die Angst vor dem Burn-out zeigt sich bei vielen Menschen in der Dauerausrede vom Stress. Diese Menschen fühlen sich bei jeder kleinen Aufgabe schon gestresst. Anstatt sich auf eine Aufgabe einzulassen, spüren sie vorher schon den Stress, den diese Aufgabe bringen könnte. Manche stöhnen schon bei kleinen Beanspruchungen über den Stress, dem sie ausgesetzt sind. In der Psychologie spricht man von einer Stress-Hospitalisierung.

Wenn ich mich in junge Menschen hineindenke, die so sehr nach der letzten Absicherung streben, dann versuche ich, sie zu verstehen. Offensichtlich brauchen sie in dieser unsicheren Welt Sicherheit. Früher genügte es, in einer Firma anzufangen und dort gut zu arbeiten. Dann hatte man eine sichere Arbeitsstelle. Heute hat man keine Garantie, ob diese Firma überlebt oder ob sie umstrukturiert wird und der eigene Arbeitsplatz dann wegfällt. Man hat keine Sicherheit, ob man an diesem Ort bleiben kann oder aber in die ganze Welt geschickt wird, um dort zu arbeiten. Das gibt Unsicherheit nicht nur in Bezug auf die eigene Person, sondern auch auf die Familie, die man doch möglicherweise gründen möchte. Die Unsicherheit hat ja auch Auswirkungen auf die Partnerwahl, auf die Erziehung der Kinder und ihr Aufwachsen in einem guten Umfeld. Weil die Unsicherheit größer ist, wächst auch das Bedürfnis nach Sicherheit.

Natürlich gibt es die Lust am Neuen und das Wagnis, sich auf Unbekanntes einzulassen, auch bei vielen jungen Leuten heute. Doch ich erlebe bei vielen Abiturienten, dass sie noch gar nicht wissen, was sie wollen. Sie blicken eher verzagt in die Zukunft. Sie wollen sich absichern. Sie zögern, ein Studium zu beginnen. Mir erzählte eine Mutter, ihr Sohn wollte nach dem Abitur ein Jahr Auszeit haben und in diesem Jahr nach Australien fliegen und sich den Kontinent anschauen. Die Mutter war damit durchaus einverstanden, meinte aber, ein solches Jahr könne und wolle sie nicht finanzieren. Sie sei bereit, ein halbes Jahr zu finanzieren, aber auch dann solle er selbst schauen, wie er dort etwas findet, wovon er leben kann. Da fing er an, seine Reise zu planen. Aber es geschah letztlich nichts. Und so sitzt er immer noch am Computer und schaut sich alles Mögliche an. Aber er hat auf diese Weise noch keinen Weg gefunden, die Auszeit gut zu planen, geschweige denn, sie anzutreten. So versäumt er seine Zeit mit Planen. Aber es geschieht nichts.

Freilich gibt es auch gegenteilige Modelle. Auch wer losgeht und etwas ausprobiert, kann sich in seiner Suche nach dem vermeintlich Perfekten verzetteln. Eine junge Frau erzählte mir, dass sie jetzt ein Jahr in Australien war. Sie hat dort auf verschiedenen Farmen gearbeitet und dann das Land angeschaut. Jetzt arbeitet sie wieder für zwei Jahre in ihrem Beruf als Krankenschwester. Aber es zieht sie wieder in die Ferne. Hier in Deutschland ist ihr alles zu eng. Allerdings hat sie während ihres Auslandsaufenthalts auch gespürt, dass Australien kein Ort für sie ist, an dem sie immer leben kann. So sucht sie nach Ländern, die ihr das Gefühl von Weite und Freiheit und zugleich von Sicherheit geben. Es war durchaus eine wagemutige junge Frau. Aber ich habe den Eindruck, dass sie vor lauter Angst, nicht den richtigen Ort auf dieser Erde zu finden, ihr Leben versäumt. Denn das ideale Land gibt es nicht. Ich kann nicht Sicherheit und Freiheit und Weite zugleich finden. Irgendetwas ist mir immer zu eng oder zu unsicher. Die junge Frau möchte alles Mögliche ausprobieren. Aber sie möchte sich nicht festlegen. Irgendwann ist es dann zu spät, an eine Familie zu denken und sich in seinem Beruf weiterzuqualifizieren.

Nach dem Gespräch mit der jungen Frau war ich auf der einen Seite fasziniert, wie viel Mut sie hat, in die Ferne zu gehen und dort ihr Glück zu suchen. Aber ich hatte auch ein ungutes Gefühl: Wird sie ihr Leben jemals wirklich in die Hand nehmen? Was treibt sie, immer Neues zu probieren, ohne sich festzulegen, ohne sich auf etwas für längere Zeit einzulassen? Vielleicht ist es die Angst, dass das Leben zu eng wird. Diese Angst kann ich gut verstehen. Ich hatte als junger Mensch auch immer die Angst, zu verbürgerlichen. Ich wollte lebendig bleiben. Aber ich habe mich gebunden, mich auf eine Gemeinschaft eingelassen. Ich bin in die Enge gegangen, damit mein Leben so in die Weite kommt. Vor dem Abitur hatte ich Zweifel, ob die Gemeinschaft von Münsterschwarzach für mich zu eng sei. Ich war fasziniert von den Wissenschaftlern, die die Jesuiten in ihren Reihen hatten. Das hat mich angezogen. Aber dann habe ich es doch gewagt, in die Gemeinschaft von Münsterschwarzach einzutreten. Ich hatte die Hoffnung, durch sie in die weite Welt zu ziehen, möglichst weit fort, etwa nach Korea, um dort etwas zu bewegen.

Manchmal habe ich das Gefühl, dass manche Menschen so um ihre eigenen Vorstellungen vom Leben kreisen, dass sie unfähig sind, sich auf etwas Festes einzulassen. Denn dann könnten sie ja vielleicht diese oder jene Reisen nicht mehr unternehmen. Oder sie könnten nicht jedes Jahr an einem bestimmten Fest teilnehmen. Oder sie könnten nicht mehr mit den Freundinnen abends weggehen, wenn sie gerade Spaß daran haben. Ich habe den Eindruck, dass sie ihr Leben von solch äußeren Dingen abhängig machen. Und wenn sie sich nun auf eine feste Arbeit einlassen, könnte dieses Leben gestört werden. Die Arbeit, das Engagement für etwas Konkretes, stört die Unverbindlichkeit ihres Lebens, stört die Gewohnheiten, in denen sie sich eingerichtet haben. Wenn ich so etwas sehe oder höre, dann erschrecke ich oft, wie wenig flexibel solche Menschen sind. Es muss alles immer so sein, wie sie es gedacht haben, wie es ihnen gefällt. Sie versäumen ihr Leben, weil sie nicht bereit sind, sich zu binden. Jeder Weg – so sagt schon der deutsche Mystiker Johannes Tauler – geht durch einen Engpass. Und nur wenn ich mich durch den Engpass wage, wird das Leben weit. Doch viele haben Angst vor dem Engpass. Und so kommt ihr Leben nie in die Weite.

Ein anderer Aspekt, der die Menschen hindert, sich auf eine Arbeit und einen Beruf einzulassen, ist die Angst. Sie haben Angst, etwas falsch zu machen. Vielleicht ist es nicht der richtige Beruf. Hinter dieser Angst steckt oft ein falscher Perfektionismus. Ich muss den absolut richtigen Beruf für mich finden. Aber es gibt nicht den absolut richtigen Beruf. Ich muss mich begnügen mit dem Beruf, der mir am meisten liegt. Aber in jedem Beruf gibt es Routine und Ärger. Man möchte den idealen Beruf, der einem immer Spaß macht. Es ist letztlich die Weigerung, sich auf die Durchschnittlichkeit des eigenen Lebens einzulassen. Erst wenn ich mich auf einen Beruf einlasse, kann ich darin etwas ändern und Neues bewirken. Doch viele halten Ausschau nach einem idealen Beruf, den es in Wirklichkeit gar nicht gibt. Sie lassen sich nicht auf etwas Unvollkommenes ein, sondern nur auf das Vollkommene. Und so versäumen sie ihr Leben. Denn es gibt nichts Vollkommenes in unserem Leben.

Die andere Angst ist, einen Fehler zu machen, wenn ich mich auf diesen Beruf einlasse. Vielleicht grenzt er mich zu sehr ein. Vielleicht überfordert mich der Beruf. Ich muss womöglich mehr als acht Stunden am Tag arbeiten. Ich kann mich dann nicht so auf die Familie einlassen. Solche Überlegungen haben natürlich ihre Berechtigung. Ich brauche eine gesunde Balance zwischen Arbeit und Leben. Aber jeder Beruf fordert. Und erst wenn ich mich auf die Herausforderung einlasse, kann ich dafür sorgen, dass ich nicht überfordert werde. Aber die Angst vor Überforderung führt bei manchen dazu, dass sie sich gar nicht fordern lassen.

Die Antwort Jesu

Wenn ich in der Bibel nach einer Antwort auf das Sich-Absichern suche, so fallen mir zunächst Maria und Josef ein. In der Kindheitsgeschichte, wie sie uns Matthäus erzählt, geht es immer wieder darum, nicht so viel zu grübeln, sondern einfach aufzustehen und sich auf den Weg zu machen. Josef grübelt lange nach, was er mit Maria machen soll, die schwanger ist, aber nicht von ihm. Mitten in seine Überlegungen hinein kommt ein Engel im Traum zu ihm und befiehlt ihm, Maria zu sich zu nehmen. Nachdem die Sterndeuter wieder nach Hause gezogen sind, erscheint der Engel wieder im Traum und sagt zu Josef: »Steh auf, nimm das Kind und seine Mutter und flieh nach Ägypten« (Matthäus 2,13). Josef steht auf und macht sich auf den Weg. In Ägypten kommt der Engel nochmals im Traum und sagt: »Steh auf, nimm das Kind und seine Mutter, und zieh in das Land Israel; denn die Leute, die dem Kind nach dem Leben getrachtet haben, sind tot« (Matthäus 2,20). Im Lateinischen stehen hier die beiden Worte: »Surge et vade« = »Steh auf und geh!« In diesen beiden Worten steckt viel Kraft. Das Kind war von Herodes bedroht worden. Daher musste Josef mit dem Kind und seiner Mutter nach Ägypten ziehen, um es zu schützen. Doch jetzt ist der Zeitpunkt da, aufzustehen und sich wieder auf den Weg nach Israel zu machen. Es gibt Situationen, in denen wir uns durchaus zurückziehen sollen. Es braucht den Raum der Stille als Schutzraum, um vor den Anfeindungen der Welt geschützt zu sein. Aber es gibt viele Menschen, die aus diesem Schutzraum nicht herauskommen. Sie fühlen sich wohl, wenn sie für ein paar Tage ins Kloster gehen können, um dort einzutauchen in die spirituelle Atmosphäre des Ortes. Oder sie lieben es, täglich zu meditieren. Aber sie tun sich schwer, aufzustehen und den Weg in den Alltag zurückzugehen. Bei Josef ist es ein Engel, der im Traum erscheint. Manchmal fordert uns Gott im Traum heraus, aufzustehen und den Weg zu gehen, der uns zum Leben führt. Oft genug ist es ein innerer Impuls, dem wir zu folgen haben. Der Weg führt immer in den Alltag, in die Realität unseres Lebens.

Das griechische Wort für »steh auf« heißt: »egertheis«. Es bedeutet auch: »Wach auf!« Wir kommen oft nicht ins Leben, weil wir uns mit Illusionen eingelullt haben. Da braucht es zuerst einmal ein Aufwachen. Der indische Jesuit Antony de Mello beschreibt die Mystik als Weg, um aufzuwachen. Wir sollen zur Wirklichkeit hin aufwachen, sie so sehen, wie sie wirklich ist.

Und alle drei Worte – egertheis, surge, steh auf – haben mit der Auferstehung zu tun. Auferstehung heißt: aufstehen aus seiner Zuschauerrolle, in der wir alles besser wissen, in der wir alles beurteilen, ohne selbst den Kopf hinzuhalten. Aufstehen aus dem Grab, in dem wir uns eingerichtet haben, aufstehen aus dem Schlaf, in dem wir uns geschützt fühlen. Aufstehen hat auch immer damit zu tun, dass ich die Verantwortung für mich übernehme. Die Bibel kennt daher für die Auferstehung zwei Worte: »anastasis« = »aufstehen« und »egerthe« = »er wurde auferweckt, aufgeweckt«. Auferstehung bedeutet also immer beides: Ich wache auf aus dem Schlaf meiner Illusionen, und ich stehe auf, hinein in das Leben.

Oft folgt dem »Steh auf« das »Geh hin«. Ich stehe auf, um mich auf einen Weg zu machen. Im Griechischen steht hier »poreuou«. Es bedeutet: Mach dich auf den Weg. Wandere durch die Welt. Oder auch: Marschiere gegen die Feinde. Es hängt mit »poros« = »Durchgang« zusammen. Gehen heißt vor allem, es zu wagen, durch ein enges Tor zu gehen, um sich auf den Weg zu machen. Ich muss zuerst ein Hindernis überwinden, um meinen Weg gehen zu können. Josef muss zuerst über die Grenze gehen. Er muss all die Hindernisse überwinden, die sich auf dem langen Weg nach Israel in seinen Weg stellen. Er weiß, dass das keine bequeme Reise sein wird, sondern ein mühsames Sich-Hinschleppen durch dorniges Gelände, durch Wüsten und Steppen. Doch er macht sich auf den Weg. Er horcht auf den Engel, auf den Traum, auf die innere Stimme in seinem Herzen.

Jeder von uns kennt die innere Stimme seines Herzens. Doch oft folgen wir ihr nicht. Wir haben genügend Gründe, auszuweichen. Wir könnten überlegen, dass wir nicht genügend geschützt sind auf unserem Weg. Daher möchten wir lieber in Ägypten bleiben, in einem geschützten Raum, in dem uns niemand kennt. Doch der Engel sagt unmissverständlich: »Steh auf und geh! Wach auf und mach dich auf den Weg!« In der Kindheitsgeschichte des Lukasevangeliums ist es Maria, die sich auf den Weg macht. Von ihr heißt es, nachdem ihr der Engel die Geburt des göttlichen Kindes verheißen hat: »Nach einigen Tagen machte sie sich auf (»anastasa«) und eilte in eine Stadt im Bergland von Judäa« (Lukas 1,39). Der Engel hat ihr nicht befohlen, aufzustehen – wie er es in der Josefsgeschichte getan hat. Doch sie reagiert auf die spirituelle Erfahrung, die sie in der Begegnung mit dem Engel gemacht hat, indem sie aufsteht und sich auf den Weg macht. Sie wagt sich hinein in das Gebirge. Es ist also kein leichter Weg. Wenn wir das Gebirge als Bild sehen, dann steht es für die Berge von inneren Blockaden, von Einwänden, und Vorurteilen.

Wir spüren den Impuls, aufzustehen und einen Besuch zu machen bei einem anderen Menschen. Aber wir haben genügend Ausreden: Der hat keine Zeit. Der Weg ist zu lang. Vielleicht ist er gar nicht daheim. Vielleicht ist es ihm eher unangenehm. Wir kennen viele Berge, die uns abhalten, aufzustehen und uns auf den Weg zu machen. Unsere Ängste und Befürchtungen sind wie Berge, die uns hindern, den Weg zu gehen, den wir im Herzen jetzt für diesen Augenblick als angemessen spüren. Und wir errichten hohe Gedankengebäude, um uns zu rechtfertigen, dass wir jetzt nicht aufstehen und uns auf den Weg machen können. Maria, die junge Frau, die sich ohne Begleitung und ohne Schutz in das Gebirge wagt und eine dreitägige Wanderung in Kauf nimmt, ist ein Vorbild. Wir müssen nicht stark sein wie Josef. Wenn wir wie Maria dem Herzen trauen, dann sind wir geschützt auf unserem Weg. Und wir bringen – wie Maria bei Elisabeth – Segen zu anderen Menschen. Wenn wir aber nur Zuschauer bleiben im Leben, dann wird von uns auch kein Segen ausgehen.

Beim Thema »Sich absichern« fallen mir die beiden Worte Jesu ein, die er zu Menschen sagt, die ihm gerne nachfolgen möchten, doch allerlei Bedenken haben. Sie möchten ihrem inneren Impuls folgen. Sie spüren, dass er sie zum Leben führen würde. Aber der Verstand hat genügend Gründe, um den inneren Impuls zu unterdrücken oder ihm den Schwung zu nehmen. Der eine junge Mann hört den Impuls, aber er muss noch alles Mögliche vorher erledigen, bevor er dem inneren Anruf folgen kann. Er sagt: »Lass mich zuerst heimgehen und meinen Vater begraben.« Jesus antwortet ihm: »Lass die Toten ihre Toten begraben; du aber geh und verkünde das Reich Gottes!« (Lukas 9,59–60). Der Mann möchte erst alles regeln. Er möchte die Erbschaft daheim regeln. Und er möchte warten, bis der Vater stirbt. Erst dann traut er sich, seinen Weg zu gehen. Ich erlebe öfter Menschen, die mit Rücksicht auf die Eltern es nicht wagen, ihren eigenen Weg zu gehen. Es ist sicher gut, Rücksicht auf die Eltern zu nehmen. Aber die Rücksicht auf die Eltern darf nicht dazu führen, dass ich mein eigenes Leben nicht wage. Denn dann werde ich den Eltern den Vorwurf machen, dass sie mich am Leben gehindert haben. Ich darf den Eltern auch den Schmerz zumuten, mich loszulassen und mich meinen Weg gehen zu lassen. Jesus antwortet hier mit einem drastischen Wort: »Lass die Toten ihre Toten begraben.« Das heißt für mich: All das Absichern ist nur Tod, Erstarrung. Wer leben will, muss solche Absicherungen und Versicherungen loslassen und sich auf das Leben einlassen, es ungeschützt wagen.

Ein anderer möchte von sich aus Jesus nachfolgen. Er ist begeistert von Jesus. Doch dann bremst er den inneren Schwung ab, indem er sagt: »Ich will dir nachfolgen, Herr. Zuvor aber lass mich von meiner Familie Abschied nehmen.« Jesus erwidert ihm: »Keiner, der die Hand an den Pflug gelegt hat und nochmals zurückblickt, taugt für das Reich Gottes« (Lukas 9,61–62). Dieser junge Mann möchte seinem inneren Impuls folgen. Aber zugleich möchte er, dass seine Familie diesen Weg bestätigt. Er möchte die Zustimmung seines Umfeldes. Doch Jesus meint mit seinem bildhaften Wort: Wenn du den inneren Impuls in dir spürst, dann musst du ihm folgen und nicht erst die Zustimmung deiner Familie einholen. Der Weg, den ich meinem Inneren entsprechend gehe, kann auch einsam machen. Aber diese Einsamkeit muss ich in Kauf nehmen. Wenn ich immer nur auf die Zustimmung der anderen schaue, dann ist das, als ob ich beim Pflügen ständig zurückblicke und schaue, ob alle anderen mein Pflügen auch gut finden. Doch wenn ich beim Pflügen zurückschaue, wird die Furche krumm. Und ich werde nicht weiterkommen beim Pflügen meines Lebensackers. Damit mein Acker Frucht trägt, braucht es das beherzte Pflügen, das nur nach vorne schaut und sich nicht durch Zurückschauen die ständige Bestätigung sichern will.

Als ich noch Jugendarbeit machte, kamen öfter junge Menschen zu mir und schwärmten mir vor, was sie machen möchten. Aber die Eltern seien zu altmodisch. Die hätten kein Verständnis dafür. Ich antwortete ihnen: »Du willst deinem inneren Impuls folgen. Aber zugleich willst du, dass alle deinen Weg toll finden, dass alle dich wegen deines Weges bewundern. Du brauchst die Bestätigung der anderen, um deinen Weg gehen zu können. Wenn du überzeugt bist von deinem Weg, musst du ihn gehen, ohne ihn von allen gutheißen zu lassen.« Wenn ich meinen Weg gehe, ohne dass ihn alle bestätigen, fühle ich mich einsam. Aber diese Einsamkeit gehört zu meinem Weg. Ich kann es letztlich nur mit meinem eigenen Gewissen ausmachen, was für mich stimmt. Und dem muss ich dann folgen.

Viele versäumen ihr Leben, weil sie sich zu abhängig machen von der Meinung ihrer Umgebung. Wenn ihre Eltern oder ihre Freunde Bedenken haben, dann trauen sie sich nicht, dem eigenen Impuls zu folgen. Das fängt schon bei der Wahl des Studiums an. Da trauen sich viele nicht, das zu studieren, was sie gerne möchten. Sie lassen sich von den Bedenken der Umgebung davon abhalten. Da hören sie dann auf Sätze wie: »Was willst du denn mit diesem Studium anfangen? Damit kannst du doch deinen Lebensunterhalt nicht verdienen. Das ist doch eine brotlose Kunst. Mach lieber etwas, was dir Sicherheit schenkt.« Der Zwang, Geld zu verdienen, ist natürlich da. Wir können nicht im luftleeren Raum leben. Aber wenn alles sofort nach dem Nutzen und dem Verdienst eingestuft wird, dann wagen die jungen Menschen nicht mehr zu träumen. Wer seine Träume verwirklicht, wird dann auch seinen Lebensunterhalt verdienen. Er wird beflügelt durch seine Träume. Nur dann hat er auch die Kraft, sich von den Höhenflügen des Studiums in das reale Leben »herabzulassen«. Aber er wird beflügelt in das Leben und in den Alltag eintauchen und nicht flügellahm sein Dasein fristen.

Wie finde ich Mut zur Veränderung?

Veränderung und Verwandlung

Heute ist es modern, sich ständig zu ändern. Die Firmen durchlaufen Änderungsprozesse und Umstrukturierungen. Und genauso meinen die Einzelnen, sie müssten sich ständig ändern. Doch ich kenne viele Menschen, die seit Jahren dabei sind, sich zu ändern, und doch immer die gleichen bleiben. Der Grund ist, dass sie meinen, sie müssten ganz andere Menschen werden, alles anders machen. Im Begriff der Veränderung steckt etwas Aggressives. Ich kämpfe gegen mich, um ganz anders zu werden.

Die christliche Antwort auf Veränderung ist Verwandlung. Verwandlung ist sanfter. Sie sagt: Alles, was ist, darf sein. Ich würdige mich so, wie ich geworden bin. Aber ich spüre, dass das Eigentliche noch nicht zum Vorschein gekommen ist. Ich soll nicht ein ganz anderer werden, sondern so werden, wie ich eigentlich gemeint bin, wie es meiner tiefsten Berufung entspricht.

Ich kenne Menschen, die sich seit zehn Jahren ändern wollen, die ständig an sich arbeiten, um sich zu verändern. Aber es ändert sich gar nichts. Der Grund dafür: Das Verändern hat etwas Aggressives an sich. Ich kämpfe gegen etwas. Und das, wogegen ich kämpfe, das wird erst einmal Gegenkräfte entwickeln. Zum anderen steckt im

Verändern eine Verurteilung meiner selbst: Ich bin so, wie ich bin, nicht gut. Es muss alles anders werden. Ich muss ein anderer werden.

Doch wenn wir die deutsche Sprache genau anschauen, so ist »ander« eine Ordnungszahl, ein anderes Wort für »zwei«. Verändern heißt also: Ich soll ein zweiter Mensch werden, oder negativ ausgedrückt: Ich soll zweite Wahl werden.

Verwandlung ist dagegen sanfter. Verwandlung meint: Alles in mir darf sein. Ich würdige mich so, wie ich geworden bin. Aber ich spüre zugleich: Ich bin noch nicht der, der ich von meinem Wesen her sein darf. Das Ziel der Verwandlung ist, dass das ursprüngliche und einmalige Bild, das Gott sich von mir gemacht hat, in mir zum Vorschein kommt. Aber dieses Bild will durch alles, was in mir ist, hindurchstrahlen. Veränderung hat das Ziel, dass ich ein anderer Mensch werde. Verwandlung dagegen zielt darauf hin, dass ich ganz ich selbst werde, mehr und mehr dieser einmalige Mensch, der ich bin.

Verwandeln würde bedeuten, dass zunächst alles gut ist, was ist, dass aber vieles unser Wesen und unsere Wahrheit verstellt. Verwandeln bestünde darin, das Urbild aus dem Gestrüpp der Bilder herauszubilden und das Eigentliche aus dem Uneigentlichen wachsen zu lassen. Verwandlung setzt eine absolute Zustimmung zum Sein voraus. Alles darf sein, alles hat einen Sinn. Ich müsste nur erforschen, was für einen Sinn etwa meine Leidenschaften, meine Krankheiten, meine Konflikte, meine Probleme hätten.

Verwandlung ist für mich die typisch christliche Weise der Veränderung. In der Verwandlung ist der Aspekt der Gnade. Gott selbst verwandelt den Menschen. Das wurde in der Menschwerdung seines Sohnes offenbar, in der er unsere menschliche Natur verwandelt und vergöttlicht hat. Verwandlung ist auch der Schlüsselbegriff für eine Spiritualität, die nicht versucht, alle Fehler und Schwächen in Griff zu bekommen und möglichst alle Sünden zu vermeiden. Sie vertraut vielmehr darauf, dass alles in uns einen Sinn hat, selbst unsere Sünde, und dass Gott alles in uns verwandeln möchte, damit sein Licht und seine Herrlichkeit immer mehr in uns aufscheinen.

Die Frage ist, wie Verwandlung geschieht. Es gibt verschiedene Wege der Verwandlung: Der erste Weg der Verwandlung besteht darin, dass ich alles, was in mir ist, Gott hinhalte. Ich verdränge nichts, sondern ich schaue an, was in mir auftaucht. Und ich halte es in Gottes Liebe hinein. Ich stelle mir vor, dass Gottes Liebe in meine Angst, in meine Ohnmacht, in meine Verzweiflung, in meine Leere, in meine Unruhe, in meine Traurigkeit, in meinen Ärger, in meine Eifersucht einströmt. Und indem Gottes Liebe, Gottes Geist dort einströmt, wandeln sich meine Gefühle.

Der zweite Weg geht über das Gespräch mit dem, was in mir auftaucht. Ich spreche mit meiner Angst und frage sie, was sie mir sagen möchte und wovor ich wirklich Angst habe. Ich spreche mit meiner Depression und frage sie nach ihrem Sinn. Und ich spreche mit meinem Ärger, mit meinem Neid, mit meiner Eifersucht, mit meiner Wut, mit meiner Sexualität und mit meiner Sucht. Indem ich mit meinen Emotionen und Leidenschaften spreche, erkenne ich ihren Sinn. Und dadurch wandeln sich die Leidenschaften. Sie beherrschen mich nicht mehr, sondern sie werden zu Freunden, die mir mein wahres Wesen aufdecken und mir Schritte zur Lebendigkeit und Freiheit weisen.

Der dritte Weg der Verwandlung besteht darin, dass ich innehalte und dem bisherigen Leben einen Widerstand entgegensetze. Der Vorgang, mit dem Wasser in Strom verwandelt wird, kann dies illustrieren. Ich baue einen Damm und staue das Wasser an, damit es durch die Turbine fließen kann und in Elektrizität verwandelt wird.

So brauchen wir manchmal die Askese, die ein Hindernis gegenüber den bisherigen Gewohnheiten aufbaut. Die Askese ist ein Training, das wir auf uns nehmen, damit sich in uns etwas wandelt. Indem ich zum Beispiel in der Fastenzeit auf etwas verzichte, wächst in mir das Gefühl von Freiheit und Unabhängigkeit. Ich tue also etwas, ich setze mir ein Programm, damit sich in mir etwas wandelt.

Der vierte Weg besteht im Ausprobieren. Indem ich ein neues Verhalten ausprobiere, wandelt sich meine Seele, wandeln sich meine Gewohnheiten, wandelt sich mein Inneres. Das wird für mich deutlich in dem Satz, den Jesus zu dem Gelähmten am Teich von Betesda spricht: »Steh auf, nimm dein Bett und geh!« (Johannes 5,9) Der Gelähmte wartet auf ein Wunder von Jesus. Doch Jesus sagt ihm ein Wort. Wenn er dieses einfach ausprobiert, wird er erfahren, dass sich sein Leben wandelt. Ich habe das oft erlebt. Wenn etwas in mir stockt und nicht weiter geht, dann sage ich mir dieses Wort Jesu: »Steh auf, nimm dein Bett und geh!« Dann wandelt sich in mir die Verkrampfung. Ich traue mich aufzustehen. Und auf einmal fühle ich mich wie verwandelt. Ich bekomme Mut. Ich kann gehen. Verwandlung geschieht durch Gott. Aber auch wir müssen unseren Teil dazu beitragen. Wir müssen unsere Wirklichkeit Gott hinhalten und wir müssen Haltungen ausprobieren, damit sie uns Halt geben. Im Tun und im Ausprobieren von Haltungen und Tugenden geschieht in uns Verwandlung, die aber immer auch geprägt ist von der Gnade Gottes, die all unser Tun begleitet.

Der Durchzug durch das Rote Meer (Exodus 13,17–14,31)

Israel erlebt den Durchzug durch das Rote Meer als das Wunder schlechthin. Gott verwandelt das Meer in trockenes Land, damit das Volk hindurchziehen kann. Die feindlichen Ägypter, die nachsetzen, versinken in den zurückflutenden Wassern. Das ist für Israel die grundlegende Erfahrung von Erlösung und Befreiung. Es ist ein Geschehen, das die Bibel uns erzählt. Aber das Meer, das zum trockenen Land wird, ist auch ein archetypisches Bild, das uns zeigt, was Erlösung ist. Schon Paulus hat den Durchzug durch das Rote Meer typologisch als Bild für Tod und Auferstehung Jesu und als Bild für unsere Taufe gedeutet. Die Liturgie sieht im Durchzug durch das Rote Meer ein Vorbild für die Auferstehung Jesu und für die Erlösung, die Christus in Tod und Auferstehung an uns gewirkt hat.

Was meint das Bild des Meeres, das sich in eine trockene Furt verwandelt? Israel erlebt am Schilfmeer seine Ohnmacht. Auf der einen Seite stand das Meer, auf der anderen die feindlichen Ägypter mit ihrer überlegenen Streitmacht. Es gab keinen Ausweg. Das Meer bedeutete den sicheren Tod. Und die Ägypter auf der anderen Seite wollten sie ebenfalls vernichten. Das Meer ist Bild für die Aussichtslosigkeit und Ohnmacht, für die Bedrohung durch den Tod. Meer ist aber auch Bild für das Unbewusste, das einen überschwemmen kann, in dessen Fluten man versinken kann. Überschwemmung ist im Traum ein häufiges Motiv, das uns anzeigt, dass wir keinen Boden unter den Füßen haben, dass wir in unbewussten Ideen und Bildern versinken. Der Psalmist klagt: »Schon reicht mir das Wasser bis an die Kehle. Ich bin in tiefem Schlamm versunken und habe keinen Halt mehr; ich geriet in tiefes Wasser, die Strömung reißt mich fort« (Psalm 69,2f). Das Wasser ist auf der einen Seite Bild für das Bedrohende und Ängstigende, auf der anderen Seite aber auch für das Lebenspendende, für das Erneuernde und Nährende.

Wenn Gott nun das Meer in trockenes Land verwandelt, dann hat das verschiedene Bedeutungen. Einmal verwandelt Gott die tödliche Gefahr in einen Weg zum Leben. Die bedrohlichste Gefahr kann umschlagen in die Erfahrung wirklichen Lebens, wie es Hölderlin ausgedrückt hat: »Wo aber Gefahr ist, wächst das Rettende auch.« Gott kann meine gefährliche Krankheit verwandeln, sodass ich dadurch erst zum wirklichen Leben finde. Er kann eine Krise, die mich in den Abgrund zu reißen droht, in einen tragenden Grund verwandeln, auf dem ich stehen und sicheren Fußes den Weg in die Freiheit gehen kann. Die grundlegende Erfahrung von Verwandlung ist solche Wandlung des Bedrohenden in das Behütende, der Angst in Vertrauen, der Verzweiflung in Hoffnung, der Aussichtslosigkeit in Zuversicht, der Gefangenschaft in Freiheit.

Überall, wo wir das erfahren dürfen, handelt Gott an uns wie damals am Schilfmeer. Aber, so sagt uns auch der Text, wir müssen wie Israel erst die Angst und die Aussichtslosigkeit in ihrer ganzen Schärfe erleben und durchleiden, bevor sie umschlagen können in Vertrauen und Hoffnung. Die Verwandlung geschieht auf dem Grund des Meeres, auf dem Grund unserer Angst und Verzweiflung, nicht dort, wo wir noch vom sicheren Ufer aus auf unsere Angst schauen können.

Wenn das Meer auch für das Unbewusste steht, dann verwandelt Gott das Unbewusste, das uns verschlingen kann, in trockenes Land, das uns trägt. Wir können offensichtlich nicht an unserem Unbewussten vorbei zum Leben gelangen. Wahre Freiheit erfahren wir nicht an der Oberfläche unserer bewussten Gedanken und Gefühle, sondern wenn wir den Weg durch die Tiefen unseres Unbewussten wagen. Im Vertrauen auf Gott werden wir erleben, dass das Unbewusste trägt, dass es uns nicht in den Abgrund reißt. Ja, es wird uns wirklich zum neuen Ufer führen. Wenn wir aus Sicherheitsgründen an unseren bewussten Ideen und Einstellungen festhalten, werden wir nie wirklich weiterkommen. Wir werden vielleicht auf der Karriereleiter höher klettern, aber dabei wird unser Menschsein verkümmern. Wenn wir in wirklich neue Bereiche vorstoßen wollen, müssen wir den Weg durch das Meer des Unbewussten wagen. Wir erfahren auch hier unsere Ohnmacht und Angst. Wir haben keine Garantie, dass das Wasser trägt. Doch das Bild vom Durchzug durch das Rote Meer lässt uns darauf vertrauen, dass Gott auch in uns das Unbewusste verwandeln kann und wird, sodass wir trockenen Fußes ans andere Ufer gelangen. Nicht wir können diese Verwandlung bewirken, sondern allein Gott. Wir müssen auf das Wunder der Wandlung vertrauen, das Gott gerade dann wirkt, wenn wir am Ende sind mit unseren Möglichkeiten, wenn alles sich gegen uns verschworen hat und es scheinbar keinen Ausweg mehr gibt.

Gott gebietet dem Mose, er solle seinen Stab und seine Hand über das Meer halten, damit es sich spalte (vgl. Exodus 14,16). Wir brauchen auch oft einen Mose, der über das Meer unserer Angst, unseres Unbewussten, unserer Verdrängungen, unserer Gefährdungen, seine Hand hält, damit wir es sicher durchschreiten können. In der therapeutischen und spirituellen Begleitung wagen wir uns unter den schützenden und segnenden Händen eines anderen in das Meer unseres Lebens. Weil einer uns segnet, weil einer Gutes über uns und unsere Verdrängungen sagt, deshalb können wir sie durchschreiten, ohne von ihnen verschlungen zu werden. Ohne diese segnenden und bergenden Hände würden wir uns nicht getrauen, in das eigene Meer einzusteigen. Gott selbst hält in dem begleitenden Mose seine Hand über unser Meer und verwandelt es zu einer Furt ans andere, ans rettende Ufer, zu einem Weg in die Freiheit, in das eigentliche und wahre Leben.

Warum einfaches Leben guttut

Zufriedenheit

Die Weisen aller Religionen und Kulturen sprechen davon, dass wir mit Wenigem zufrieden sein sollen. Darin besteht die Kunst des Lebens. Doch das ist keine resignierte Haltung. Ich bin nicht mit Wenigem zufrieden, weil ich mir gar nicht zutraue, Erfolg zu haben oder so viel zu verdienen, dass ich mir etwas leisten kann. Ich bin vielmehr zufrieden, weil ich vieles nicht brauche. Die Zufriedenheit ist also Kennzeichen innerer Freiheit. Ich bin zufrieden mit dem Wasser, das ich trinke, mit dem Brot, das ich esse. Doch das bin ich nur dann, wenn ich das Wasser wirklich genieße, wenn ich es achtsam trinke und spüre, wie es meinen Durst löscht, wie beglückend es ist, frisches klares Wasser zu trinken. Und ich werde mit dem Brot nur dann zufrieden sein, wenn ich es schmecke und den Geschmack genieße.

Zur Zufriedenheit kommt noch etwas hinzu: Ich erlebe sowohl das Wasser als auch das Brot als Geschenk von Gott. Es steht mir nicht einfach zu. Ich erlebe es als Gabe, die mir Gott schenkt. Gott meint es gut mit mir. Daher ist die Zufriedenheit immer auch mit Dankbarkeit verbunden.

Dankbarkeit

Der undankbare Mensch ist nie zufrieden. Er möchte immer mehr. Der römische Philosoph Cicero sieht in der Undankbarkeit einen Verstoß gegen die »humanitas«, gegen die Menschlichkeit. Wer sich als Mensch versteht, als Geschöpf Gottes, der ist auch dankbar für das, was Gott ihm schenkt.

Voraussetzung für die Dankbarkeit ist, dass ich innehalte und das, was mir in diesem Augenblick geschenkt wird, wahrnehme. Wir übergehen oft die Gelegenheiten, um dankbar zu sein. Doch wenn ich innehalte und wahrnehme, was mir geschenkt wird, dann entsteht eine Spirale der Dankbarkeit. Dann entdecke ich auf einmal viele Gelegenheiten dazu. Bruder David Steindl-Rast, der die Dankbarkeit in die Mitte seiner Spiritualität gestellt hat, sieht einen Dreischritt der Dankbarkeit: »Stop! Look! Go! Das ist der Dreischritt der Dankbarkeit. Halt inne, sonst läufst du an der Gelegenheit vorbei, die sich dir hier und jetzt bietet. Schau genau hin, damit du die Gelegenheit erspähst. Und – ebenso wichtig wie die beiden anderen – tu etwas, pack die Gelegenheit beim Schopf« (Steindl-Rast, 11). Unter Tun versteht David Steindl-Rast keine großen Werke. Das eigentliche Tun der Dankbarkeit besteht darin, »etwas aus einer Gelegenheit (zu) machen. Sie nutzen, um dem Leben zu dienen« (Steindl-Rast, 34). Ich kann nicht dankbar sein für das verletzende Wort, das ich gehört habe. Aber ich kann dankbar sein für die Gelegenheit zu lernen, gelassen und geduldig auf verletzende Worte zu reagieren.

David Steindl-Rast zitiert in seinem Buch über die Dankbarkeit ein Wort von Omra am Mikhael Aivanhov: »An dem Tag, an dem wir bewusst ›Danke‹ sagen, haben wir den Zauberstaub gewonnen, der alles verwandeln kann.« Der dankbare Mensch erkennt in jedem Augenblick die Geschenke, die Gott ihm darbietet: das Lächeln eines Menschen, eine gute Begegnung, ein erfreuliches Gespräch, das Aufblühen einer Rose, die leuchtenden Farben der herbstlichen Blätter an den Bäumen, die Sonne, die scheint, die Möglichkeit, heute etwas zu tun, anderen Menschen zu helfen, andere aufzurichten.

Es geht darum, die Dankbarkeit zu üben, sich darin zu üben, immer wieder innezuhalten und wahrzunehmen, was dieser Augenblick mir sagt, und dann dankbar darauf zu reagieren. Wenn ich die Dankbarkeit einübe, dann wird sich mein Leben verwandeln. Dann gilt: »Ich bin nicht dankbar, weil ich glücklich bin, sondern ich bin glücklich, weil ich dankbar bin.« Die Dankbarkeit verwandelt auch Traurigkeit und Niedergeschlagenheit. Albert Schweitzer meinte einmal, gerade dann, wenn es mir nicht so gut geht, sollte ich etwas suchen, wofür ich dankbar sein kann. Und es gibt immer etwas! Ich kann dankbar sein für diesen neuen Tag, der mir Gelegenheit gibt, aufzustehen, auf andere Menschen zuzugehen, anderen eine Freude zu machen.

Die deutsche Sprache kennt die Verwandtschaft der Worte »danken« und »denken«. Danken kommt von denken, denn wer richtig denkt, der ist auch dankbar. Der undankbare Mensch denkt nicht richtig nach über sein Leben. Die Gedanken des undankbaren Menschen entstammen nicht einem wachen Denken. Richtig denkt nur der, der dankbar gedenkt. Wer richtig denkt, wer der Begegnung mit wachem Geist gedenkt, der wird erfüllt mit dankbarer Gesinnung. Nur ein dankbares Gedenken ist uns angemessen. Mit Undankbarkeit an etwas zu denken, lässt die Dinge in einem falschen Licht erscheinen. Dietrich Bonhoeffer hat das so ausgedrückt: »Ohne die Dankbarkeit versinkt meine Vergangenheit ins Dunkle, ins Rätselhafte, ins Nichts.« Das heißt: Nur wenn wir dankbar an das Vergangene denken, werden wir den Sinn der Vergangenheit erkennen. Ohne Dankbarkeit wird alles unverständlich und rätselhaft.

Die Dankbarkeit erschließt uns die Vergangenheit. Und dann gehört die Vergangenheit uns. Sie wird zu einem Teil von uns. Hermann Hesse meinte einmal, das Schönste im Alter sei, dankbar im Erinnerungsbuch seines Lebens zu lesen. Wenn ich dankbar darin lese, werde ich den Sinn meines Lebens erkennen. Und ich werde mit innerem Frieden erfüllt.

Dankbarkeit meint nicht, dass ich ständig Danke sage. Kinder drücken ihre Dankbarkeit aus, indem sie sich über ein Geschenk freuen. Das freudige Tun ist Ausdruck ihrer Dankbarkeit. So sieht es auch Karl Barth, wenn er schreibt: »Freude ist die einfachste Form der Dankbarkeit« (Steindl-Rast, 99). Freude und Dankbarkeit ergänzen einander. Freude ist Ausdruck meiner Dankbarkeit. Und umgekehrt gilt: Dankbarkeit ist der Schlüssel zur Freude: »In dem Augenblick, wo wir dankbar sind, finden wir zurück zu der Freude, die immer in uns ist« (Steindl-Rast, 100). Wer dankbar und mit innerer Freude in den Tag geht, der wird auch die Menschen in seiner Umgebung mit seiner Haltung anstecken. Die Dankbarkeit verwandelt nicht nur den Tag, sondern auch das Leben der Menschen, denen er mit dieser Haltung begegnet. Die Dankbarkeit verbindet uns mit den Menschen, denen wir begegnen. David Steindl-Rast meint, die Dankbarkeit verbinde uns mit allen Menschen, auch mit denen anderer Religionen: »Es gibt keinen Menschen in der Welt und keine Gesellschaft, die nicht Dankbarkeit zu würdigen weiß. Der dankbare Mensch gilt überall als ein weiser Mensch, als ein guter Mensch. Jeder Mensch ehrt Dankbarkeit in der ganzen Welt« (Steindl-Rast, 140). Wer sich verbunden weiß mit anderen Menschen, wer sich »zugehörig« weiß, der ist zufrieden mit seinem Leben. So hängen Dankbarkeit und Zufriedenheit eng miteinander zusammen.

Genügsamkeit

Die Zufriedenheit zeigt sich auch in der Genügsamkeit. Es gibt Menschen, für die es nie genug ist. Sie können nicht genug essen oder trinken. Und sie können sich als Gast nicht begnügen. Der zufriedene Mensch dagegen genießt den Abend als Gast. Aber er geht nach Hause, wenn es am Schönsten ist. Er hat ein Gespür für den Gastgeber und für die anderen Gäste. Es gibt eine Zeit, die für alle gut ist, die alle genießen können. Aber wenn Gäste nie genug haben und immer noch sitzen bleiben, obwohl die Gastgeber am liebsten aufräumen und ins Bett gehen möchten, dann werden sie das Miteinander auch nicht mehr genießen. Sie können nicht loslassen. Eigentlich wird das Zusammenbleiben dann zur Qual. Die Gastgeber machen gute Miene zum bösen Spiel, obwohl sie froh wären, wenn jetzt alle gingen.

Auch die Freude hat ihr Maß. Wer genügsam ist, spürt dieses Maß. Die deutschen Wörter »genug« und »genügsam« hängen von der Bedeutung zusammen mit »etwas erreichen, erlangen«. Wer genügsam ist, wer sich mit Wenigem begnügt, der ist auch vergnügt, der findet darin sein Vergnügen. Sich vergnügen kann nicht der, der nie genug hat. Das Vergnügen hat offensichtlich mit dem »Genügsamsein« zu tun. Ich vergnüge mich, wenn mir das, was ich gerade erlebe, genug ist. Wer sich nicht begnügen kann, wird nie zufrieden sein. Genügsam ist der, der mit Wenigem zufrieden ist. Er stellt keine hohen Ansprüche. Er ist zufrieden, wenn er zum Essen eingeladen ist. Er ist zufrieden mit seinem Platz im Bus oder in der Straßenbahn. Er stellt keine hohen Ansprüche an den Lebenskomfort. Es entspricht der Weisheit vor allem der stoischen Philosophie, dass der Weise mit Wenigem zufrieden ist.

Einfachheit

Die stoischen Philosophen loben das einfache Leben, den einfachen Lebensstil. Der ist heute für viele Menschen, die bewusst leben, selbstverständlich geworden. Es ist kein Zeichen von Armut oder Einfallslosigkeit. Vielmehr hat ihr einfaches Leben eine eigene Qualität. Ihre anspruchslose Schlichtheit führt zur Zufriedenheit und zu einer Schönheit und Klarheit in ihrem Leben. Von diesem einfachen Leben sagt Jean Paul: »Man kann die seligsten Tage haben, ohne etwas anderes dazu zu gebrauchen als blauen Himmel und grüne Frühlingserde.« Einfachheit hat für Jean Paul mit Seligkeit zu tun. Wer den blauen Himmel und die grüne Frühlingserde genießen kann, für den ist die einfache Lebensweise ein Weg zum wahren Glück. Lao Tse, der große chinesische Weise, hat die einfache Lebensweise als Anspruchslosigkeit und Genügsamkeit im Blick, wenn er schreibt: »Wenn du erkennst, dass es dir an nichts fehlt, gehört dir die ganze Welt.« Wenn ich genug habe an dem, was mir Gott geschenkt hat, an meinem Leib und meiner Seele, an den Menschen, mit denen ich lebe, und an den Dingen, die ich besitze, dann gehört mir die ganze Welt. Ich bin einverstanden mit der Welt und so bin ich auch eins mit ihr. Und wenn ich eins mit der Welt bin, dann gehört sie mir. Ich fühle mich zur Welt zugehörig. Aber sie gehört auch mir. In dem einen Augenblick, in dem ich achtsam durch den Wald gehe und den Duft der Bäume rieche, bin ich eins mit der ganzen Welt und letztlich eins mit dem Schöpfer des Alls. Und in diesem Augenblick habe ich das Gefühl: Alles gehört mir. Alles ist auch für mich da, mir gegeben von Gott, der auch mich geschaffen und mich mit seinem Geist erfüllt hat.

Die Angst vor dem Ungenügen

Die Angst, nicht genug zu haben, treibt heute viele um. Sie denken, dass sie nicht genügend Geld haben, um in Urlaub fahren zu können, oder dass das Geld nicht reicht, um ihre Versorgung im Alter zu sichern. Die anderen glauben, ihre Wohnung sei nicht groß genug, um bequem darin zu wohnen, oder ihr Auto sei nicht sicher genug. Es gibt vor allem zwei Ursachen für das Gefühl, nicht genug zu haben. Das eine ist die Angst, dass unsere Mittel nicht ausreichen, unsere Zukunft zu sichern. Das andere die Angst, dass wir in den Augen der anderen nicht gut genug sind. Die Angst, dass das Geld nicht genügt, hängt oft mit der Angst zusammen, selbst nicht gut genug zu sein.

Viele haben in ihrer Kindheit erfahren, dass sie den Ansprüchen der Eltern nicht genügen. Das Gefühl, nicht gut genug zu sein, prägt sie das ganze Leben hindurch. Sie sind nicht gut genug als Mutter, als Vater oder in ihrem Beruf. Sie können nicht gut genug argumentieren, wenn sie mit anderen sprechen. Ich kenne einen Psychologen, der erfolgreiche Kurse hält. Doch nach jedem Kurs hat er das Gefühl: Ich bin nicht gut genug. Der Kurs war nicht gut genug. Er hätte besser sein müssen. Dieses Empfinden, nicht gut genug zu sein, hinterlässt in uns ein ständiges Gefühl von Unzufriedenheit. Wir können uns an dem, was wir tun, nicht freuen. Denn eigentlich müsste es immer noch besser sein. In der Psychologie sagt man: Wir haben in uns ein nicht genügendes Kind. Dieses nicht genügende Kind meldet sich immer wieder zu Wort. Wir haben das Gefühl: Ich bin nicht gut genug als Mutter, ich genüge nicht als Vater. In meiner Arbeit tue ich nicht genug oder bin nicht qualifiziert genug. Es wäre gut, dieses nicht genügende Kind, das sich immer zu Wort meldet, in den Arm zu nehmen. Wenn ich in mir das nicht genügende Kind umarme und ihm sage: »Für mich bist du gut genug. Es ist gut, wie du bist«, dann wird es langsam leiser in mir. Und es wird dem zufriedenen Kind in mir weichen.

Die zweite Ursache für das Gefühl, nicht zu genügen, ist das Vergleichen. Solange ich mich mit anderen vergleiche, habe ich immer das Gefühl, dass ich nicht genug habe und dass ich nicht gut genug bin. Es gibt immer Menschen, die besser reden können als ich, die mehr Geld haben als ich, die mehr Erfolg und Einfluss haben als ich. Solange ich mich mit anderen vergleiche, bin ich nie zufrieden mit dem, was ich bin und was ich habe. Sören Kierkegaard meint: »Das Vergleichen ist das Ende des Glücks und der Anfang der Unzufriedenheit.« Wenn wir uns mit anderen vergleichen, sind wir immer unzufrieden.

Ob wir wollen oder nicht, unbewusst vergleichen wir uns ständig mit anderen. Doch sobald wir es merken, sollten wir uns selbst spüren. Es könnte eine Hilfe sein, die Hände auf den Bauch zu legen, bei sich selbst zu sein und sich dann vorzusagen: »Ich bin ich und der andere ist, wie er ist. Ich spüre mich. Und es ist gut so, wie ich bin. Es lohnt sich nicht zu vergleichen. Ich lebe mein Leben. Ich kümmere mich darum, dass ich mein Leben gut leben kann. Dann werde ich zufrieden sein mit mir und meinem Leben.«

Der griechische Philosoph Epikur von Samos hat zum Thema Genügsamkeit ein weises Wort geprägt: »Wem genug zu wenig ist, dem ist nichts genug.« Es gibt Menschen, für die genug immer zu wenig ist. Die Musik, die sie im Konzert gehört haben, war nicht gut genug. Das Essen ist nicht gut genug. Die Gesundheit könnte besser sein. Wem nichts genug ist, der ist immer unzufrieden. Daher besteht die Kunst des Lebens darin, sich zu begnügen mit dem, was ist, und dankbar zu genießen, was Gott mir genügend anbietet an

Schönheit, die ich schauen kann, an Speisen, die ich genießen kann, und an Menschen, die mir ihre Freundschaft zeigen.

Mit dem Wort Genügsamkeit verbinden wir auch das Wort »Genugtuung«. Wir empfinden Genugtuung, wenn uns etwas geglückt ist oder wenn uns eine Arbeit Freude bereitet. Peter Rosegger sagte einmal: »Wer nicht schon in der Arbeit Genugtuung findet, der wird nie zur Zufriedenheit gelangen.« Die Arbeit ist ein wichtiger Ort, an dem wir Genugtuung finden können. Wem aber die Arbeit nur Last ist, wer sie als Zumutung erlebt, der wird auch in seinem Leben nicht zufrieden sein. Wer dagegen gerne arbeitet, wer daran Freude hat, der wird in seinem Leben diese Genugtuung erfahren, der wird Zufriedenheit spüren bei allem, was er tut.

Wie mein Leben in Balance kommt

Work-Life-Balance

Vielen Menschen wird die Arbeit immer mehr zu einer Last. Sie haben Angst, die Freude an der Arbeit zu verlieren und unter dem Druck der Anforderungen zusammenzubrechen. Auch konkrete Probleme bei der Arbeit können belastend sein. Etwa die Frage, wie man mit schwierigen Mitarbeitern zusammenarbeiten kann oder wie man mit einem schwierigen Chef zurechtkommt. Im zweiten Thessalonicherbrief mahnt Paulus die Christen: »Arbeitet in Ruhe!« (2 Thessalonicher 3,12). Heute würden nur wenige Menschen sagen, dass sie in Ruhe ihrer Arbeit nachgehen können. Oft sollen immer weniger Angestellte die gleiche Arbeit leisten wie vorher. Der Druck wird immer größer, viele fühlen sich überfordert. Das zeigt sich am steigenden Krankenstand und an dem Phänomen Burn-out, unter dem heute viele leiden.

Der heilige Benedikt hat das Arbeitsethos, das bei Paulus aufscheint, in das konkrete Leben der Mönche übersetzt. Er fordert seine Mönche auf, von ihrer eigenen Hände Arbeit zu leben. Das verlangt oft Mühe und Anstrengung. Doch vom Cellerar, der die wirtschaftliche Leitung des Klosters innehat, verlangt er: Er solle immer auf seine Seele achten und sein Amt mit innerer Ruhe verwalten (Regel Benedikts 31,8 und 31,17). Benedikt spricht hiervon »aequo animo«: Der Cellerar soll eine ausgeglichene innere Stimmung haben und mit Gleichmut, innerer Ruhe und innerem Frieden seine Arbeit verrichten. Diesen inneren Frieden kann der Cellerar finden, indem er auf der einen Seite seine Aufgabe so organisiert, dass er sich selbst nicht überfordert. Auf der anderen Seite braucht es eine spirituelle Arbeit an sich selbst, um mit innerem Gleichmut den Anstrengungen der Klosterführung gewachsen zu sein. Für viele, die unter den Anforderungen des Arbeitsalltags stöhnen, erscheinen diese Gedanken, die Benedikt vor 1500 Jahren in seine Regel aufgenommen hat, fremd und wenig nachvollziehbar. Wie sollen sie Ruhe finden, wenn sie ständigen Erwartungen ausgesetzt sind, in der Firma, in der Familie, in der kirchlichen Gemeinschaft?

Benedikt hat die Verbindung von Gebet und Arbeit als das eigentliche Ziel des geistlichen Lebens gesehen. »Ora et labora« gilt als die Grunddevise der Benediktiner. Das meint nicht nur eine äußere Verbindung und ein zeitlich ausgewogenes Maß an Gebet und Arbeit. Es geht vor allem um eine innere Verbindung. Wenn uns das innere Miteinander von Gebet und Arbeit gelingt, dann könnten wir auch heute »mit innerer Ruhe« arbeiten. Allerdings sind die heutigen Bedingungen nicht förderlich, das benediktinische »ora et labora« in unserer Arbeit zu leben. Deshalb geht es nicht nur um die persönlichen Voraussetzungen, wie wir Gebet und Arbeit miteinander verbinden können. Es geht auch um strukturelle Bedingungen, die eine solche Verbindung möglich machen. Wenn von den Führungskräften nur Druck ausgeht, wenn man den Sinn der Arbeit nicht mehr erkennt, wenn alles immer schneller gehen soll, dann ist es nicht leicht, innerlich ruhig zu arbeiten. Daher müssen sich auch Unternehmen bemühen, ein entsprechendes Klima zu schaffen. Es ist ein Klima des Vertrauens notwendig. In so einem Klima arbeiten die Menschen gerne. Und sie arbeiten auch viel. Aber sie fühlen sich nicht kontrolliert oder unter Druck gesetzt.

Das benediktinische »ora et labora« prägte die Arbeitsethik des christlichen Mittelalters. Von dieser Arbeitsethik könnten wir auch heute noch lernen. Natürlich sind die Voraussetzungen heute anders als zur Zeit des heiligen Benedikt. Doch dass Gebet und Arbeit, Innehalten und Nach-außen-Gehen, Bewegung und Ruhe, Leben und Beruf miteinander in Einklang kommen sollen, das ist auch heute ein wichtiges Anliegen. Heute spricht man von Work-Life-Balance. Benedikt meint, dass das Gebet die Quelle ist, aus der die Arbeit strömt. Und umgekehrt ist die Arbeit ein Test, ob unser Gebet echt ist, ob wir in unserem Gebet wirklich frei werden von unserem Ego, um uns auf Gott und auf die Arbeit einlassen zu können. Doch was meint Gebet für den modernen Menschen, der nicht unbedingt fromm ist? Gebet im weiteren Sinn meint: Zeit zum Innehalten haben, Zeit, in der ich zur Ruhe komme, in der ich die Arbeit unterbreche, um ganz bei mir zu sein. Ein guter Weg des Innehaltens geht über Rituale. Rituale sind kleine, sich wiederholende Tätigkeiten, die zur Gewohnheit werden können.

Rituale sind Übungen. Ich mache zum Beispiel am Morgen folgende Übung: Ich stelle mich hin, erhebe meine Hände zum Segen und lass den Segen zu den Menschen strömen, mit denen und für die ich an diesem Tag arbeiten werde. Ich mache es mir zur Gewohnheit, vor jeder Besprechung kurz innezuhalten und Gott um den Segen für das Treffen zu bitten. Es gibt persönliche Rituale, persönliche Gewohnheiten. Es gibt aber auch gemeinsame Rituale, die die Kultur einer Firma prägen, das Ritual, die Geburtstage der Mitarbeiter zu feiern. Andere Rituale sind Formen der Begrüßung oder Formen, die Arbeit zu beginnen und zu beenden.

Dass die Verbindung von »ora et labora« auch in dem weltlichen Bereich der Arbeit sinnvoll ist, zeigen betriebswirtschaftliche Untersuchungen. Firmen, die gute Rituale pflegen, sind wirtschaftlich erfolgreicher. Das mag paradox erscheinen. Denn Rituale erfordern Zeit. Wenn wir zum Beispiel beim Geburtstag eines Mitarbeiters miteinander Kaffee trinken, dem Mitarbeiter gratulieren und seine Mitarbeit in der Firma würdigen, dann kostet das Zeit. Aber Rituale sind eben der Ort, an dem Gefühle geäußert werden, die sonst nicht zum Ausdruck kommen. Wenn in einem Ritual diese Emotionen ausgedrückt werden, dann sind sie eine Quelle von Energie. Die Emotionen bewegen die Mitarbeiter, gerne und mit vollem Einsatz zu arbeiten. Und Rituale schaffen eine Firmenidentität. Man spürt, dass es da um mehr geht als um die Effektivität der Arbeit. Rituale schaffen eine heilige Zeit. Und diese heilige Zeit, die sich die Mitarbeiter in einer Firma gönnen, verwandelt auch die übrige Zeit. Sie bewahrt uns davor, von der Zeit (chronos) aufgefressen zu werden, und schenkt uns eine angenehme Zeit (kairos). Rituale durchbrechen die Arbeit und lassen mitten im Arbeitsalltag etwas aufscheinen von Sinn, von Transzendenz, von Liebe und Achtung. Das motiviert die Menschen mehr als Druck von oben oder die Angstmache, mit denen manche Chefs meinen, ihre Mitarbeiter zu mehr Anstrengung anstacheln zu können.

Wir müssen immer an beiden Schrauben drehen: an der Schraube der äußeren Organisation der Arbeit und der Schaffung eines gesunden Arbeitsklimas, und an der Schraube der persönlichen Spiritualität. Auch wenn die äußeren Verhältnisse nicht ideal sind, kann ich mich im Gebet immer wieder zurückziehen in den inneren Raum der Stille. Dieser Raum der Stille hält mich nicht von der Arbeit ab, sondern befähigt mich, mitten in einer lärmenden und hektischen Atmosphäre die innere Ruhe zu bewahren. Wenn wir die Arbeit aus einer spirituellen Kraftquelle heraus vollziehen, dann wird unsere

Arbeit zum Segen für uns und für die Menschen, für die wir arbeiten.

Die Bilder der biblischen Geschichten wollen uns die Augen öffnen, dass wir nicht pessimistisch auf die Arbeit schauen, die uns erwartet oder in der wir gerade stecken, sondern hoffnungsvoll. Die Bibel will uns nicht dazu verführen, mit einer rosaroten Brille auf unsere Arbeit zu schauen, sondern mit einem realistischen Blick. Aber dieser realistische Blick ist immer auch ein Blick der Hoffnung. Er lässt uns in der gegenwärtigen Arbeitssituation Wege entdecken, wie wir die Arbeit so bewältigen können, dass sie für uns und für die Welt Segen bringt. Die biblischen Bilder wollen uns davor bewahren, uns von der Arbeit erdrücken zu lassen. Sie verweisen uns auf die inneren Quellen, aus denen wir schöpfen können, um nicht erschöpft zu werden durch die täglichen Mühen. Daher ist mir das benediktinische »ora et labora« so wichtig.

Es geht uns darum, die Spiritualität als wichtige Quelle für unsere Arbeit zu beschreiben. Das Gebet hilft uns, uns ganz auf die Arbeit einzulassen, ohne von ihr erdrückt zu werden. Denn es bringt uns in Berührung mit der inneren Quelle des Heiligen Geistes, die nie versiegt. Wenn wir aus dieser Quelle arbeiten, dann verwandelt das unsere Arbeit. Sie ist nicht mehr nur Last oder Pflicht, sondern wird auch zu einem Ausdruck unserer Spiritualität, zu einem Ausdruck der Liebe und Hingabe.

Bilder sind da, um meditiert zu werden und sich in uns einzubilden. Ich möchte dazu einladen, biblische Bilder anzuschauen und dann immer wieder einen Blick auf die Arbeit zu werfen. Indem eine konkrete Arbeitssituation mit einem biblischen Bild in Verbindung gebracht wird, können wir Wege für uns entdecken, wie wir mit Schwierigkeiten umgehen und einen Sinn in unserer Arbeit erkennen können. Die biblischen Bilder wollen Licht in unser Leben bringen. Bilder sind mehr als Erfahrungen der Vergangenheit. Sie öffnen uns ein Fenster, um auf die Wirklichkeit sehen zu können. Oft genug schauen heute die Menschen durch dunkle und getrübte Fensterscheiben auf ihr Leben. Die Bibel will die Fensterscheiben reinigen, damit Licht durch sie hindurchdringen kann und wir im Licht der Bibel unsere Arbeitssituation neu bewerten lernen.

Versuchungen

Bevor Jesus anfängt zu arbeiten und öffentlich aufzutreten, wird er vom Satan versucht. Man könnte diese Versuchungen so verstehen, dass Jesus sich vor diesem Schritt seinen eigenen Schattenseiten stellen muss. Jeder von uns hat auch Schattenseiten. Es sind Versuchungen, die Arbeit dafür zu benutzen, die eigenen egoistischen Bedürfnisse auszuagieren. Doch dann wird die Arbeit für uns nicht hilfreich sein und wir werden durch sie uns selbst entfremdet. Es wird von uns kein Segen ausgehen. So ist es auch unsere Aufgabe, bevor wir in die Arbeit einsteigen, uns wie Jesus diesen drei Versuchungen zu stellen. Nur dann wird unsere Arbeit gelingen. Aber auch während der Arbeit werden wir dann und wann von diesen Versuchungen heimgesucht. Und wir müssen uns immer wieder darüber Rechenschaft ablegen, wie und wofür wir arbeiten wollen.

Die erste Versuchung ist, die Steine zu Brot werden zu lassen. Es ist die Versuchung, alles für uns selbst zu benutzen. Die Arbeit hat lediglich den Zweck, dass wir Vorteile haben. Sie dient uns dazu, dass wir möglichst viel Geld verdienen. Doch Jesus sagt: »Der Mensch lebt nicht vom Brot allein, sondern von jedem Wort, das aus Gottes Mund kommt« (Matthäus 4,4). Wir leben nicht nur von dem, was uns etwas bringt, sondern von dem, was uns wahrhaft nährt. Wir leben nicht allein für das Geld. Geld nährt nicht. Es braucht andere Werte, die uns nähren bei der Arbeit. Jesus spricht vom Wort Gottes. Das Wort Gottes können wir verschieden auslegen: Einmal sind damit die Werte gemeint, die uns nähren, die uns Kraft schenken. Ohne Werte wird unsere Tätigkeit wertlos. Wir müssen uns also überlegen, welche Werte uns in der Arbeit leiten. Das Wort Gottes bezieht sich aber auch auf das, was Gott uns sagen möchte. Auf das Wort Gottes zu hören ist notwendig, damit wir nicht einfach so dahinleben. Das Wort Gottes zeigt uns einen Weg, wie wir unser Leben sinnvoll leben können. Und es weist uns über diese Welt hinaus. Es gibt etwas, das diese Welt übersteigt. Nur wenn wir in Gott, der jenseits der Welt ist, unseren eigentlichen Halt haben, haben wir auch ein gutes Fundament für unsere Arbeit in der Welt. Im Vaterunser bitten wir Gott, er möge uns das tägliche Brot schenken. Die Kirchenväter haben darin zum einen den täglichen Lebensunterhalt gesehen, zum anderen haben sie dieses Brot aber auch als »überwesentliches« Brot verstanden, als Brot, das unsere tiefste Sehnsucht nach der jenseitigen Welt, nach Gott erfüllt.

Die zweite Versuchung ist die, sich in seiner Arbeit besonders hervorzutun. Jesus soll vom Dach des Tempels springen. Er soll also ein Zauberstück vorführen. Er soll sich vor allen anderen profilieren. Manche wollen in ihrer Arbeit nur glänzen. Sie wollen sich über die anderen stellen. Dabei verlieren sie oft das rechte Maß. Sie schauen nur darauf, auf der Karriereleiter hochzuklettern. Sie machen durch besondere Aktionen auf sich aufmerksam, um nach oben zu kommen. Doch die Gefahr ist, dass sie jäh abstürzen. Denn sie überschätzen sich selbst. Sie kritisieren die anderen Mitarbeiter und Chefs. Alle haben keine Ahnung von der Arbeit. Nur sie allein sind wirklich fähig. Doch solche Selbstüberschätzung tut uns nicht gut. Manche gehen mit zu großen Vorstellungen in die Arbeit. Sie meinen, sie seien für einfache Arbeiten überqualifiziert. Sie müssten sofort Aufgaben erledigen, die ihrer Ausbildung entsprechen. Doch wenn ich die einfachen Aufgaben überspringe, werde ich mich nie nach oben arbeiten. Es geht nicht darum, auf die besonderen Fähigkeiten aufmerksam zu machen, sondern erst einmal die einfachen Aufgaben gut zu erfüllen. Es geht nicht darum, irgendeinen Zauber zu veranstalten, durch »zaubern« auf mich aufmerksam zu machen, sondern es geht um den Segen Gottes. Mein Tätigsein soll zum Segen werden für mich und für die Menschen, für die ich arbeite.

Die dritte Versuchung ist die Versuchung der Macht. Jeder Mensch übt Macht aus. Macht ist auch etwas Gutes. Wir sind mächtig, etwas zu gestalten, etwas Gutes zu tun. Wir können etwas bewirken und in Bewegung bringen. Doch es gibt immer auch die Versuchung zur Macht. Diese Versuchung erkennen Mitarbeiter oft bei ihren Chefs. Manche Chefs benutzen ihre Macht nicht, um die Firma gut zu führen und für die Mitarbeiter ein gutes Betriebsklima zu schaffen, sondern um sich selbst darzustellen. Wer Macht ausübt, übernimmt Verantwortung für andere Menschen. Er sorgt dafür, dass die Mitarbeiter einen guten und sicheren Arbeitsplatz haben, dass die Zukunft der Firma gesichert ist. Doch viele üben Macht aus, um andere klein zumachen. Das ist immer dann der Fall, wenn ich mit der Macht mein eigenes Minderwertigkeitsgefühl ausgleichen möchte. Wir dürfen aber bei der Versuchung der Macht nicht nur auf die Chefs schauen. Jeder, der arbeitet, übt Macht aus. Er kann mit seiner Arbeit etwas bewirken. Er schafft ein Klima um sich herum. Das kann ein Klima sein, in dem sich alle wohlfühlen. Es kann aber auch ein Klima der Angst sein, mit dem ich die anderen einschüchtern möchte. Dann unterliege ich der Versuchung der Macht. Ich zeige meine Macht über Mitarbeiter, die weniger begabt sind als ich, die weniger ankommen beim Chef. Ich übe meine Macht aus, indem ich die anderen Mitarbeiter entwerte. Und ich übe Macht über sie aus, indem ich sie von mir abhängig mache. Eine beliebte Form Macht auszuüben ist, andere warten zu lassen. Es ist die Macht des kleinen

Beamten, der jeden Bittsteller lange warten lässt, um ihm zu zeigen, dass er Macht hat. Und diese Macht üben auch viele Mitarbeiter aus, die ihre Kollegen bewusst warten lassen. Sie sollen spüren, dass sie angewiesen sind auf ihre Gnade. Solche Machtspiele gibt es oft in Firmen.

Benedikt kennt die Versuchung, die mit jeder Arbeit verbunden ist. Er nennt die wichtigste Versuchung die des Betrugs und die der Habgier. Wir sind immer in Versuchung, unsere Arbeit besser darzustellen, als sie ist. Das gilt für die Tätigkeit an unserem Arbeitsplatz genauso wie für die Produkte, die wir herstellen. Wir preisen sie oft besser an, als sie sind. Das nennt Benedikt Betrug. Wir sollen ehrlich bei unserer Arbeit sein, dankbar für das, was wir erreichen, aber auch immer im Bewusstsein, dass das Ergebnis unserer Arbeit nicht alle Bedürfnisse der Welt befriedigt. Die andere Versuchung ist die der Habgier. Wir wollen immer mehr mit unserer Arbeit verdienen und unsere Produkte immer teurer verkaufen, damit der Gewinn der Firma immer größer wird. Dagegen schreibt Benedikt: »Wenn etwas von den Erzeugnissen der Handwerker verkauft wird, sollen jene, durch deren Hand die Waren veräußert werden, darauf achten, dass sie keinen Betrug begehen. Sie sollen immer an Hananias und Saphira denken, damit sie nicht etwa den Tod an der Seele erleiden, der jene am Leib traf. Das gilt ebenso für alle anderen, die mit dem Eigentum des Klosters unredlich umgehen. Bei der Festlegung der Preise darf sich das Übel der Habgier nicht einschleichen. Man verkaufe sogar immer etwas billiger, als es sonst außerhalb des Klosters möglich ist, damit in allem Gott verherrlicht werde« (Regel Benedikts 57,4–9).

Es ist interessant, dass das Motto Benedikts »Damit in allem Gott verherrlicht werde« ausgerechnet im Kapitel über die Arbeit vorkommt. An der Art und Weise, wie wir arbeiten, soll etwas von Gottes Schönheit sichtbar werden, daran sollen die Leute merken, ob es um uns und unsere Selbstdarstellung geht oder um die Ehre Gottes.

Im Gleichgewicht

Man spricht heute häufig von der Work-Life-Balance, vom Gleichgewicht zwischen Leben und Arbeiten. Man kann dieses Gleichgewicht herstellen, indem man genügend Zeit für die Familie und für die Freizeit reserviert. Es ist wichtig, Tabuzeiten für die Familie und für die eigenen Bedürfnisse nach Wandern, nach Musik, nach Lesen festzulegen. Es sind geschützte Zeiten, in die niemand einbrechen darf. Die Firma hat keinen Zugriff auf diese Zeiten. Es sind heilige Zeiten, die mir und der Familie gehören. Diese heilige Zeit verwandelt auch die übrige Zeit, weil ich das Gefühl habe, dass die Zeit, in der ich mich ganz auf die Arbeit einlasse, mich nicht auffressen oder bestimmen kann. Ich habe jeden Tag auch eine geschützte Zeit. Rituale sind ein guter Weg, sich diese heilige Zeit jeden Tag zu nehmen. Dann habe ich immer das Gefühl, selbst zu leben, anstatt gelebt zu werden.

Es ist aber auch eine Frage der inneren Haltung, überhaupt einzusehen, dass solche heiligen Zeiten wichtig sind. Diese Haltung wird für mich ausgedrückt in dem Wort Jesu: »Was nützt es einem Menschen, wenn er die ganze Welt gewinnt, dabei aber sein Leben einbüßt? Um welchen Preis kann ein Mensch sein Leben zurückkaufen?« (Matthäus 16,26). Im Griechischen steht hier jeweils »Psyche«, das sowohl Leben als auch Seele bedeuten kann. Die Ursache, warum wir aus der Balance von Arbeit und Familie, von Arbeit und Freiraum für uns fallen, ist die Tendenz, dass wir die ganze Welt gewinnen wollen. Wir wollen Erfolg haben. Wir wollen die Kollegen mit unserer Leistung übertreffen. Wir wollen als Sieger dastehen. Doch vor lauter Siegermentalität verlieren wir das Eigentliche: die Lebensqualität, die Lebendigkeit, das Leben in der Familie. Und wir verlieren letztlich unsere Seele.

Die chinesische Sprache hat dieses Wort Jesu gleichsam in einem Zeichen ausgedrückt. Das chinesische Zeichen für Beschäftigung ist aus zwei Bildern zusammengesetzt: dem Bild des Herzens und dem Bild des Todes. Wer zu beschäftigt ist, dessen Herz ist tot, der stirbt innerlich ab. Er verliert sein Herz, seine Seele, seine Lebendigkeit. Der Begriff Gleichgewicht drückt nicht genau aus, was wir mit der guten Balance zwischen Arbeit und Familie, zwischen Arbeit und Zeit für mich meinen. Denn Gleichgewicht meint eigentlich, dass alles das gleiche Gewicht hat, gleich viel wiegt, dass alle Bereiche den gleichen Wert haben. Doch es geht eigentlich darum, dass das Leben in uns fließt. Die Psychologie spricht vom Flowgefühl.

Die verschiedenen Bereiche sollen so miteinander verbunden werden, dass das Leben in Fluss kommt. Es kann sein, dass die Arbeit so bedrückend wird, dass auch das Leben in mir nicht mehr fließt. Jeder soll sein eigenes Maß dafür erkennen, wie viel er arbeiten kann, damit sein Leben in Fluss bleibt. Dabei kommt es nicht nur auf das äußere Maß an Zeit an, sondern auch auf das innere Maß: Welchen Stellenwert hat für mich die Arbeit? Mit welcher inneren Einstellung arbeite ich? Ich werde nur dann eine Balance zwischen der Arbeit und den anderen Bereichen meines Lebens finden, wenn alles aus einer inneren Quelle fließt, aus der Quelle auf dem Grund meiner Seele, letztlich aus der Quelle des Heiligen Geistes. Es geht dann nicht mehr nur um äußere Festlegungen der Zeiten für Arbeit, Familie und Zeit für mich selbst, sondern um eine innere Verbindung. Dann stören sich die Pole nicht, sondern sie ergänzen sich gegenseitig.

Was können wir tun, um ein inneres Gleichgewicht zwischen Arbeit, Familie und privatem Lebensraum zu finden? Ein wichtiger Weg ist für mich, auf meine Seele, mein Herz und meine Gefühle zu hören. Wenn mir meine Seele den Eindruck von Leere widerspiegelt, dann ist das ein Alarmzeichen, dass ich kurz davor bin, meine Seele zu verlieren. Dann wäre es wichtig, die Signale der Seele zu beachten. Was will sie mir sagen? Was möchte sie gerne? Wozu drängt sie mich? Oft weiß die Seele ganz genau, was ihr guttut. Sie lädt uns ein, uns einmal wieder ans Klavier zu setzen und einfach nur zu spielen, ohne Druck, jemandem etwas vorspielen zu müssen. Sie lädt uns ein, zu einem Buch zu greifen und in die Welt einzutauchen, in die uns das Buch führen möchte. Sie lädt uns ein, mit der Familie eine Wanderung zu machen und sich miteinander Zeit zu lassen. Und sie lädt uns ein, einfach mal still zu werden und die Stille zu genießen, zu genießen, dass wir einfach sind, ohne uns rechtfertigen und ohne etwas vorweisen zu müssen.

Die äußeren Rahmendaten sind für die Balance zwischen Arbeit und Familie wichtig. Noch wichtiger aber ist das Hören auf die eigene Seele, das Gespür für das, was jetzt für mich und für die Familie dran ist. Nur wenn ich den Wert der Familie erkannt habe, werde ich mir auch Zeit für sie reservieren. Bei diesem Versuch, mir Zeit zu nehmen für mich und für die Familie, kann mir das Wort Jesu eine wichtige Hilfe sein. Ich sage mir das Wort Jesu einfach vor. Dann rücken sich in mir die Maßstäbe zurecht. Auf einmal werden all die Gründe, warum ich noch mehr arbeiten und noch mehr Erfolg haben muss, ihre Macht verlieren. In meinem Herzen steigt eine andere Ahnung auf: die Ahnung, dass es um das Leben geht, um die Liebe und um die Seele. Die Seele darf nicht beschnitten werden, sie will frei fliegen, sie will atmen und mich in allem, was ich tue, beflügeln.

Warum Schönheit heilsam ist

Schönheit ist Spiritualität

Zwei Aspekte haben meine Spiritualität bisher geprägt: Da war einmal der Aspekt, dass Gottesbegegnung immer auch Selbstbegegnung voraussetzt. Oft habe ich – in der Nachfolge der frühen Mönche – darüber geschrieben, wie man die eigenen Gefühle, Gedanken, Leidenschaften und Emotionen beobachtet und sie im Gebet Gott hinhält, damit sie verwandelt werden.

Der andere Aspekt war die therapeutische Dimension der Spiritualität. Jesus hat seine Jünger ausgesandt, um Kranke zu heilen und Dämonen auszutreiben. So habe ich die heilende Kraft biblischer Texte, kirchlicher Rituale und spiritueller Übungen meditiert und beschrieben. Mir war es wichtig, dass in meinen Büchern etwas von dieser heilenden Kraft Jesu spürbar wird.

Über das Thema Schönheit habe ich noch nie geschrieben. Vielleicht wundern sich Leserinnen und Leser darüber, dass ich mich nun mit diesem Thema beschäftige. Zunächst war die Beschäftigung eher zufällig. Ich sollte eine Fastenpredigt halten mit dem Thema »Schönheit und der Charme des Glaubens«. Bei der Vorbereitung dieser Predigt ist mir aufgegangen, wie heilsam dieses Thema für mich selbst ist und wie sehr es meine Spiritualität bereichert. Denn wenn ich über Schönheit nachdenke und Schönes bestaune, so entspricht das der kontemplativen und mystischen Spiritualität. Ich schaue das an, was ist. Ich lasse mich berühren von dem Schönen, das mir in der Natur, in der Kunst und im Menschen begegnet. Ich empfange das Schöne, das mir vorgegeben ist. Und in diesem Schönen erahne ich die Urschönheit Gottes, von der die Mystiker schreiben.

Es ist also eine Spiritualität, in der die Gnade im Mittelpunkt steht und nicht das eigene Tun. Ich nehme das Schöne wahr, und ich spüre, wie es mir guttut, wie heilend es auf mich wirkt. Die Beschäftigung mit dem Schönen entspricht also auch meiner therapeutischen Spiritualität. Das Schöne, das ich bestaune, von dem ich mich ergreifen lasse, bringt mich in Berührung mit meiner eigenen Schönheit, mit der Schönheit auf dem Grund meiner Seele.

Aber das Schöne bringt noch einen anderen Zug in meine Spiritualität. Es ist eine empfangende Spiritualität und eine optimistische Spiritualität. Sie klingt nicht nach Arbeit wie etwa die asketische Spiritualität. Sie lässt sich vom Schönen überraschen. Allerdings verlangt auch diese Spiritualität unser Tun. Denn es braucht Achtsamkeit, um das Schöne wahrzunehmen. Und es bedarf unserer Ehrfurcht. Ohne Ehrfurcht verbirgt sich das Schöne vor unseren Blicken. Die Spiritualität der Schönheit ersetzt auch nicht die anderen Formen der Spiritualität. Aber sie ergänzt sie und gibt ihnen einen Geschmack von Freude und Liebe. Denn wie Thomas von Aquin sagt: »Pulchra sunt quae visa placent« – »Schön ist das, was als Erschautes gefällt.« Das Schöne gefällt, erfreut. Und das Schöne ruft Liebe hervor. Aber das Schöne ist nicht ein moralischer Appell, dass wir einander lieben sollen. Es weckt vielmehr die zweckfreie, noch nicht auf irgendein »Objekt« gerichtete Liebe in uns. Im Schönen – so lesen wir bei Simone Weil – begegnet uns das zärtliche Lächeln Jesu. Aber wir bestaunen und bewundern nicht nur das Schöne, das uns von außen begegnet und in dem uns letztlich Gottes Urschönheit anlächelt. Wir können auch Schönes herstellen. Wir können den Tisch schön decken, das Zimmer für unsere Gespräche schön herrichten, uns schön anziehen und im Handwerk oder in der Kunst schöne Dinge schaffen. Wir können das Leben schöner machen. Wir begegnen nicht nur der schönen Schöpfung.

Wir sind auch selbst Schöpfer des Schönen. Wir können diese Welt schön machen, in ihr eine Spur der Schönheit eingraben. Und damit können wir einen wesentlichen Beitrag leisten zur Humanisierung der Welt, aber auch zur gesundheitlichen Vorsorge für die Menschen. Denn das Schöne bringt den Menschen in Berührung mit dem Heilen und Schönen in seiner Seele. Das Schöne ist heilsam für unsere Seele.

Bei dieser Beschäftigung mit dem Schönen hat mich ein Wort von Dostojewski besonders berührt: »Schönheit wird die Welt retten.« Dieses Wort hat mich bei der Lektüre vieler Bücher, aber auch im eigenen Suchen nach dem Sinn und der spirituellen Bedeutung der Schönheit begleitet. Ich habe mich immer wieder gefragt, wie das Schöne auf mich wirkt, was es mit meiner Seele und mit meinem Leib macht. Und ich habe festgestellt, dass das Schöne wie ein Zufluchtsort der Seele ist, an dem sie mitten in den Turbulenzen dieses Lebens ausruhen kann.

Wenn ich über das Schöne schreibe, dann möchte ich nicht in Ästhetizismus flüchten. Ich möchte das Schöne mitten in der Realität dieser Welt anschauen. Für mich ist die Hinwendung zum Schönen eine Rückgewinnung des Trostes in unserer irdischen Existenz mit all den Bedrohungen und Gefährdungen, denen wir ausgesetzt sind. Gerade wenn ich mich ganz der Arbeit an dieser Welt verschreibe, brauche ich das Schöne als Zufluchtsort der Seele und als Trost mitten in all der Trostlosigkeit, der ich in den Gesprächen mit Menschen manchmal begegne.

Wenn ich mich mit einem Thema beschäftige, bin ich immer sensibel, wenn das Thema im Gespräch aufscheint oder wenn ich in Zeitungen oder Zeitschriften etwas dazu lese. Sobald ich auf die Frage, worüber ich gerade schreibe, antwortete, es ginge um die Schönheit, ergab sich immer ein lebhaftes Gespräch. Und ich spürte, dass es ein Thema ist, das viele bewegt, und zwar auf unterschiedlicher Ebene. Für manche, die sonst eher Probleme mit der Kirche oder mit dem christlichen Glauben haben, ist das Schöne der Ort, an dem sie Gott erfahren oder zumindest offen sind für die Spur, die Gott in die Welt eingegraben hat. So ist das Schöne heute in unserer säkularisierten Welt der Ort, an dem wir uns über Glauben und Unglauben unterhalten können. Für viele kann es ein weltlicher Zugang zur Spiritualität sein. Andere haben sich schon theologisch und philosophisch mit dem Thema auseinandergesetzt. Ich war erstaunt, wie viele sich mit diesem Thema schon gedanklich beschäftigt haben. Wieder andere bewegt das Thema Schönheit in Bezug auf das eigene Aussehen. Und sie erzählen mir, welche Erfahrungen sie in ihrem Bekanntenkreis mit dem Streben nach Schönheit gemacht haben, wie die Sehnsucht nach Schönheit da oft zu krankhaften Verhaltensweisen führt.

Bei meiner Suche fand ich im Magazin der Barmer Ersatzkasse einen Artikel mit dem Thema »Was ist schön?«. Da geht es einmal um die Sehnsucht der Menschen, schön zu sein, und um die verschiedenen Schönheitsideale. Vor allem aber geht es um das Thema, das die Krankenkasse interessiert: die zahlreichen Schönheitsoperationen, zu denen die Sehnsucht nach Schönheit heute viele drängt.

Viele Menschen sind heute der Meinung, Schönheit sei machbar. Männer und Frauen wollen einem ganz bestimmten Schönheitsideal entsprechen. Ärzte und Psychologen stellen fest, dass heute immer mehr Menschen unzufrieden sind mit ihrem Körper. Der Grund ist, dass Medien und natürlich auch Kosmetikfirmen und die Schönheitschirurgie das Schönheitsideal so eng fassen, »dass kaum jemand von Natur aus optisch optimal und formvollendet hineinpasst«. Viele meinen, die äußere Erscheinung entscheide über Erfolg im Beruf und bei der Partnersuche, über Anerkennung in der Gesellschaft. Und so gehen viele Männer und Frauen aggressiv mit ihrem Körper um, ohne dass sie die Risiken einer Schönheitsoperation bedenken. Und viele sind nach der Operation unzufrieden, weil das Ergebnis doch nicht so ist, wie sie es sich erwartet haben. Das gilt vor allem für Eingriffe im Gesicht. Das Gesicht wird durch eine Operation oft maskenhaft starr. Und so ein starres Gesicht wird vom sozialen Umfeld nicht als attraktiv wahrgenommen. Das schöne Gesicht lebt, es zeigt Emotionen, Reaktionen und Stimmungen. Und so erreichen Schönheitsoperationen oft gerade das Gegenteil von dem, was erwartet wurde. Sie führen nicht zu mehr Annahme, sondern zu Ablehnung. Eine fast tragische Situation.

Der Artikel im Gesundheitsmagazin der Krankenkasse zeigt, wie stark heute die Sehnsucht nach Schönheit ist. Aber zugleich wird darin sichtbar, dass man Schönheit allzu sehr mit äußerem Aussehen verbindet, mit klaren Maßstäben, wie ein schöner Körper auszusehen hat. Schönheit ist jedoch mehr als die äußere Erscheinung. Ein Körper ist schön, wenn sich eine schöne Seele darin ausdrückt. Und letztlich ist ein Mensch schön, wenn er sich liebevoll anschaut. Denn das Wort »schön« hängt auch mit dem Wort »schauen« zusammen. Schönheit hat immer auch mit Liebe zu tun. Nur wer sich selbst liebevoll anschaut, ist schön. Wer sich selbst hasst, ist hässlich.

Das gilt auch für die Beziehung zu anderen: Wer andere hasst, macht sie hässlich und wird selbst dabei hässlich. Und wer andere liebevoll anschaut, der entdeckt ihre Schönheit. Die Schönheit ist im anderen. Aber sie braucht auch eine Bereitschaft von unserer Seite, diese Schönheit wahrzunehmen. Und die eigentliche Bedingung, um Schönheit im anderen wahrzunehmen, ist die Liebe, der liebevolle Blick auf ihn.

Ich wünsche Ihnen, dass Sie das Schöne, das Sie ja immer schon wahrnehmen und dem Sie immer schon begegnet sind, noch bewusster wahrnehmen. Ich wünsche Ihnen, dass die Beschäftigung mit dem Schönen für Sie ein spiritueller Weg wird. Denn im Schönen begegnen wir letztlich der Schönheit Gottes. Im Schönen spricht uns Gott an, der nach Vollendung seiner Schöpfung gesagt hat: »Es war alles sehr schön« (Genesis 1,31). Oft wird dieses Wort so übersetzt: »Es war alles sehr gut.« Doch das hebräische Wort »tob« kann auch »schön« bedeuten. So wünsche ich Ihnen, dass Sie sich im Schönen von Gott selbst berühren lassen. Im Schönen berührt uns immer schon ein Gott, der Liebe ist. Aber Schönheit kann auch erschrecken. Es ist ein Gott, der uns erschüttert, der uns durch das Schöne bis ins Mark trifft und aufbricht für etwas, das größer ist als wir, das uns über uns hinausführt.

So ist das Schöne ein Ort der Gotteserfahrung, aber zugleich ein Ort der Ermutigung zum Leben, ein Ort des Trostes und der Heilung unserer Wunden.

Genießen

Die Spiritualität der Schönheit ist eine Spiritualität des Genießens. Genießen bezieht sich sowohl auf das Sehen als auch auf das Hören und das Schmecken. Die Frauenmystik des Mittelalters war eine Mystik des Schmeckens. Die Frauen in den Klöstern und in den Laiengemeinschaften der Beginen haben in der Eucharistie die Süßigkeit Jesu geschmeckt und genossen. Die Schönheit will auch genossen werden. Aber hier geht das Genießen vor allem über das Schauen und Hören. Beim Schmecken sagen wir: Es schmeckt gut, es schmeckt wunderbar. Beim Schauen und Hören sagen wir: Die Natur ist schön, die Musik ist schön. Aber letztlich ist hier das Gleiche gemeint. Was wir schmecken, hören und schauen, ist schön. Es verzaubert uns, es verwandelt uns.

Der Genuss war im Christentum lange Zeit verpönt. Die Kirchenväter haben den griechischen Philosophen Epikur, der eine Philosophie des Genießens entfaltet hat, abgelehnt und ihn oft lächerlich gemacht. In ihrem Streben nach Askese haben sie in ihm offensichtlich die eigenen Schattenseiten erkannt und bekämpft. Allein Clemens von Alexandrien hat den Genuss positiver gesehen. Er war Grieche und hat Askese als Übung in die innere Freiheit verstanden. Und zu dieser Askese gehört auch die Einübung in das wahre Genießen. Denn genießen kann nur, wer auch zu verzichten vermag. Die Fähigkeit zu genießen hängt daran, dass ich eine Grenze setze, dass ich nicht maßlos etwas in mich aufnehme, sondern stehen bleibe bei dem einen Blick, bei dem einen Schluck Wein, bei diesem Ton, der jetzt in mich eindringt. Manchmal war die christliche Askese von Lebensverneinung geprägt.

Jesus steht für diese Spiritualität des Genießens. Doch er macht in seinem Leben die schmerzliche Erfahrung, dass seine Spiritualität nicht verstanden wird. Die Leute haben sich nicht darauf eingelassen, ebenso wenig auf die asketische Spiritualität Johannes des Täufers. Jesus beklagt sich: »Johannes der Täufer ist gekommen, er isst kein Brot und trinkt keinen Wein, und ihr sagt: Er ist von einem Dämon besessen. Der Menschensohn ist gekommen, er isst und trinkt; darauf sagt ihr: Dieser Fresser und Säufer, dieser Freund der

Zöllner und Sünder! Und doch hat die Weisheit durch alle ihre Kinder recht bekommen« (Lukas 7,33–35).

Jesus trinkt voller Dankbarkeit den Wein, den Gott dem Menschen geschenkt hat. Und er zeigt damit den Sündern und Zöllnern, die sich an diesen Geschenken Gottes erfreuen und sie genießen, einen Weg der Umkehr: einen Weg, diese guten Gaben in Dankbarkeit von Gott anzunehmen. Das Genießen ist für Jesus der Weg zu Gott, der Weg, der in die Liebe Gottes hineinführt.

Die Pharisäer, die sowohl Johannes als auch Jesus abgelehnt haben, schneiden sich mit ihrer Spiritualität vom Leben ab. Jesu Spiritualität des Genießens öffnet auch den weniger frommen Menschen für Gott und lässt ihn das Geheimnis Gottes erahnen. Die Mystik hat das verstanden, wenn sie als unser ewiges Ziel im Himmel die »fruitio dei«, das Genießen Gottes sieht. Gott ist von seinem Wesen her der, der unsere Sehnsucht nach wahrem Genuss erfüllt.

Sich von der Schönheit heilen lassen

Die Wahrnehmung des Schönen ist heilsam für den Menschen. Die Spiritualität der Schönheit entspricht daher meinem Anliegen einer therapeutischen Spiritualität. Aber das Schöne zu betrachten ist ein anderer Weg der Heilung, als meine Probleme anzuschauen und zu bearbeiten. Ich überspringe die Verletzungen meiner Lebensgeschichte nicht. Ich nehme sie wahr. Aber ich gehe durch sie hindurch in den Grund meiner Seele, in dem ich nicht nur der Stille und dem Geheimnis begegne, sondern auch der Schönheit meiner Seele und der Schönheit Gottes, die sich indem inneren Licht spiegelt, von dem Evagrius Ponticus schreibt.

Für Evagrius ist das Ziel des geistlichen Weges, dieses innere Licht in sich wahrzunehmen. Es ist letztlich ein Wahrnehmen der inneren Schönheit. Und das ist, so sagt Evagrius, für den Menschen heilsam. Denn für ihn wird der Mensch nicht allein durch den Umgang mit seinen Leidenschaften gesund – das ist für ihn der asketische Weg –, sondern durch die Kontemplation – das wäre das Schauen der Schönheit um uns und in uns. Die kontemplative Erkenntnis ist die Nahrung für die Seele, denn sie allein verbindet uns mit den heiligen Mächten.

Die Kontemplation des Schönen führt also nach Evagrius zur Gesundheit der Seele. Das Schöne macht den Menschen gesund. Oder wie Dostojewski sagt: »Schönheit wird die Welt retten, wird die Welt heilen.« Der Teufel und das Böse werden in der Tradition immer als hässlich dargestellt. Die Dämonen haben hässliche Fratzen. Das Gute ist immer auch schön. Und indem wir das Schöne in uns aufnehmen, kommt unsere Seele mit ihrem eigenen Wesen in Berührung, mit ihrer inneren Schönheit. Und diese Schönheit ist immer heilend.

In den letzten Jahren hat die Psychologie neu die heilende Kraft des Schönen entdeckt. Da legt man Wert darauf, die Therapieräume schön zu gestalten. Da lädt man die Klienten ein, schöne Musik zu hören. Und sie werden dazu angeregt, selbst Schönes zu gestalten. Indem sie aus dem Material, das ihnen vorgegeben wird – ein Stein, ein Klumpen Ton, ein Stück Holz, ein Blatt Papier und Malstifte –, etwas Schönes schaffen, verwandeln sie das Harte, Rohe, Chaotische, Kranke in sich in etwas Schönes. Das wirkt heilend auf das Kranke in ihrer Seele.

Genauso heilend aber wirkt auf uns, wenn wir uns dem Schönen zuwenden, das uns von außen entgegenkommt, und es offen aufnehmen und empfangen und davon sozusagen »schwanger werden«. Das

Schöne ist für Thomas von Aquin das, was geordnet ist und zusammenklingt. Das Schöne in sich aufzunehmen bringt die eigene Seele in Ordnung und führt sie zum Einklang mit sich selbst. Und darin besteht das Wesen der Gesundheit.

Immer wieder erzählen mir Menschen, dass sie sich hier und da etwas Schönes gönnen. Sie schauen sich eine schöne Stadt an, die Kirchen, die Museen. Und sie haben den Eindruck, dass es ihrer Seele guttut. Sie fühlen sich innerlich erfrischt. Es geht etwas Heilendes von der Schönheit der Bauten und der Bilder aus. Ein Mitbruder von mir genießt schöne Gärten. Wenn er durch einen schön angelegten Garten geht, dann blüht etwas in seiner Seele auf. Die Seele wird gereinigt und klar. Manche meinen, das sei reine Ästhetik. Aber wenn ich mich mit ganzer Seele der Schönheit öffne, dann ist das Spiritualität. Denn dann berührt und reinigt und heilt mich Gott selbst als die Urschönheit in allem Schönen.

Welche Rituale kann ich in meinem Alltag einüben?

Ritus bedeutet vom Wortstamm her »das Abgezählte, das Angemessene«. Riten strukturieren das Leben. Sie bringen Ordnung in das Chaos der menschlichen Seele. Es gibt gemeinschaftliche Riten und Riten für den Einzelnen. Manchmal sehen wir die Verbindung unserer persönlichen Rituale zu den kirchlichen Ritualen nicht. Und doch haben sie häufig ihre Wurzel darin. Die Rituale der Kirche haben eine lange Geschichte, die älter ist als das Christentum. Rituale sind uralte Strukturmuster der menschlichen Seele. Und seit alter Zeit prägen sie das Zusammenleben der Menschen. In den Ritualen der Kirche und in den persönlichen Ritualen hat sich die Weisheit der ganzen Menschheit verdichtet und einen für alle Menschen angemessenen Ausdruck gefunden.

Bevor ich einzelne Rituale beschreibe, möchte ich an einer biblischen Geschichte aufzeigen, wie Riten wirken. Für mich ist die Geschichte von der Jakobsleiter ein schönes Bild für das Wesen der Rituale.

Was macht ein Ritual aus? – Die Jakobsleiter

Jakob ist auf der Flucht vor seinem Bruder Esau. Esau, der dunkle und behaarte Bruder, steht für seinen Schatten. Jakob läuft also vor seinem eigenen Schatten davon. Jakob hat sich durch seinen Verstand und seine Schlauheit das Erstgeburtsrecht und den Segen seines Vaters erschlichen. Er hat sich nicht die Hände schmutzig gemacht durch Jagd oder Feldarbeit. Aber gerade durch seine Intrigen ist er in Schuld geraten. Jetzt schlägt Esau zurück. Er sinnt darauf, ihn zu töten. Jakob stellt sich nicht der Auseinandersetzung, sondern weicht aus. Als es auf seinem Fluchtweg Abend wird, nimmt er sich einen Stein als Kopfkissen und schläft ein. Er träumt von der Himmelsleiter, auf der Engel auf- und niedersteigen. Gott steht oben auf der Leiter und verheißt ihm, dass er an ihm vollbringen werde, was er ihm verheißen hat.

Das sind für mich drei Bilder für Rituale: Rituale sind etwas Handfestes. Ich nehme einen Stein in die Hand. Ich zünde eine Kerze an. Ich mache eine Gebärde mit meinen Händen, oder ich besprenge mich mit Wasser. Mitten auf meiner Flucht bringt mich das Handfeste in Berührung mit mir selbst. Ich bleibe stehen und spüre im Ritual mich selbst. Und Rituale öffnen den Himmel. Rituale haben mit Gott zu tun. Sie zeigen mir den Horizont auf, unter dem ich lebe. Ich lebe unter dem Segen Gottes. Indem ich etwas in die Hand nehme, vergewissere ich mich, dass der Himmel sich über mir wölbt, dass Gottes segnende Hand über mir ist. Und die dritte Bedeutung der Rituale: Sie schenken mir die Gewissheit, dass mein Leben gelingt. Gott wird vollbringen, was er mir verheißen hat: dass mein Leben einen Sinn hat, dass ich mit meinem Leben eine Spur eingrabe in diese Welt.

Als Jakob aufwacht, erkennt er, dass der Ort, an dem er geschlafen hat, heiliger Boden ist: »Haus Gottes und das Tor des Himmels« (Genesis 28,17). »Jakob stand früh am Morgen auf, nahm den Stein, den er unter seinen Kopf gelegt hatte, stellte ihn als Steinmal auf und goss Öl darauf. Dann gab er dem Ort den Namen Bet-El (Gotteshaus)« (Genesis 28,18f). Hier werden drei weitere Bilder für Rituale sichtbar. Rituale sind Erinnerungszeichen. Sie erinnern mich, dass Gott wirklich gegenwärtig und für mich da ist. Sie bringen die Gegenwart Gottes in mein Inneres. Theoretisch glauben wir alle, dass Gott gegenwärtig ist. Aber es ist uns nicht bewusst. Unser Herz bleibt davon unberührt. Rituale bringen Gott in mein Herz.

Jakob gießt Öl auf den Stein und salbt ihn. Salben ist etwas Zärtliches. Öl heißt im Griechischen »elaion« und hat mit Liebe und Zärtlichkeit zu tun. Jakob geht nicht nur liebevoll mit dem Stein um. Er vergewissert sich durch das Salben des Steines auch, dass Gottes Liebe ihn zärtlich berührt. Das verweist auf die fünfte Bedeutung der Rituale: Rituale vermitteln mir Gottes zärtliche Liebe. In ihnen lasse ich mich von Gottes Liebe berühren. Ich brauche solche leibhaften Vermittlungen der Liebe Gottes, damit ich daran zu glauben vermag. Über die Liebe Gottes zu reden, genügt nicht, um sie erfahren zu können.

Jakob gibt dem Ort einen neuen Namen. Rituale haben einen bestimmten Namen: Es gibt das Gute-Nacht-Ritual, das Morgenritual, das Taufritual, das Segensritual usw. Ich gebe einem konkreten Tun einen Namen. Dadurch bekommt es eine besondere Bedeutung. Der Name, den Jakob dem Ort gibt: »Gotteshaus«, steht letztlich über allen Ritualen. Alle Rituale wollen etwas davon vermitteln, dass ich im Haus Gottes zu Hause bin. Rituale sind wie ein Haus, in dem ich wohnen kann. Das deutsche Wort »wohnen« heißt ursprünglich: »Behagen empfinden, Gefallen finden, zufrieden sein«. Rituale vermitteln die Erfahrung, dass ich darin wohnen kann, dass ich dabei Behagen empfinde und inneren Frieden. Haus und Heim gehören zusammen. Haus kommt von der Wurzel »skeu«, die »bedecken, umhüllen« bedeutet. Heim hat mit der Wurzel »kei« zu tun, die »liegen, sich niederlassen« meint. Im Haus Gottes fühle ich mich von Gott geschützt und umhüllt. Im Heim lasse ich mich nieder, da kann ich mich fallen lassen. Zum Heim gehört auch das Geheimnis. Wahrhaft daheim sein kann man nur, wo das Geheimnis wohnt. In den Ritualen vergewissere ich mich, dass ich an jedem Ort dieser Welt zu Hause bin, im Hause Gottes wohne und mich als Gottes geliebter Sohn und geliebte Tochter gebärden darf. Und in den Ritualen erfahre ich Heimat. Da fühle ich mich daheim, nicht weil mich das Ritual an die eigene Kindheit erinnert, sondern weil sie mich öffnen für das Geheimnis Gottes, das mich umgibt. Rituale bringen das Geheimnis in mein Haus. Ich erlebe immer wieder einsame Menschen, denen abends die Decke über dem Kopf zusammenfällt. Für sie ist es wichtig, den Abend mit Ritualen zu gestalten. Dann erfahren sie Heimat. Sie wohnen in einem Haus, in dem sie wahrhaft zu Hause sind, in denen das Geheimnis wohnt und ihnen Heimat schenkt.

Morgenritual

Beginne den Morgen mit dem großen Kreuzzeichen. Stelle dich aufrecht hin und berühre ganz bewusst und achtsam mit deiner rechten Hand die Stirn. Lass die Liebe Gottes heute in dein Denken hineinfließen. Dann gehe mit deiner Hand nach unten, lege sie auf deinen Unterbauch. Lass die Liebe Gottes in deine Kraft, in deine Vitalität und Sexualität hineinströmen. Stelle dir dabei vor, dass Gott deine Kraft stärkt und zugleich reinigt, damit sie durchlässig wird für seinen Geist.

Dann lege deine Hand auf die linke Schulter. Lasse die Liebe Gottes in dein Unbewusstes hineinfließen, in die Bilder, die tief in deinem Unbewussten schlummern. Stelle dir vor, dass Gottes Liebe all das innere Chaos deiner Seele ordnet, das Dunkle erhellt und die krankmachenden Bilder heilt. Du kannst dir auch vorstellen, dass Gottes Liebe in deine weibliche Seite strömt. Jeder von uns hat eine weibliche, eine zärtliche, eine empfangende Seite. Das Weibliche kann Geborgenheit schenken. Es kann aber auch festhalten. Es bringt das Leben zum Wachsen, ist eine starke, werdende Kraft, es kann es aber auch er sticken. Wenn die weibliche Seite in uns von Gottes Liebe durchdrungen wird, dann wird sie zum Segen – für die Menschen und für dich selbst. Lass die Liebe Gottes auch in dein Herz strömen, damit es von der Glut der göttlichen Liebe warm wird.

Dann lege deine Hand auf die rechte Seite. Lass die Liebe Gottes in deine bewusste Seite strömen: in dein Handeln, in deine Kraft und in deine Entscheidungen. Die rechte Seite ist die männliche Seite. Sie kann befruchten, sie kann aber auch tyrannisieren. Sie kann entscheiden, aber auch alles bestimmen. Wenn Gottes Liebe in deine männliche Seite strömt, dann wird sie zu einer Kraft, die etwas Gutes bewegt, die andere stützt und fördert und die etwas gestaltet und formt.

Im Kreuzzeichen berührt dich Gottes Liebe. So kannst du dich ganz und gar von Gottes Liebe angenommen und durchdrungen fühlen. Aber im Kreuzzeichen sagst du auch Ja zu dir selbst. Du nimmst dich ganz und gar an, weil alles in dir von Gottes Liebe angenommen, berührt und durchströmt ist.

Du kannst das Kreuzzeichen schweigend machen. Du kannst es aber auch mit den Worten verbinden, die in unserer westlichen Tradition üblich sind: »Im Namen des Vaters und des Sohnes und des Heiligen Geistes.« Dann spürst du, dass es der dreifaltige Gott ist, der alles in dir durchdringt. Du kannst das Kreuzzeichen auch mit der Formel verbinden, die aus der syrischen Kirche stammt: »Im Namen des Vaters, der mich ausgedacht und gebildet hat. Und des Sohnes, der hinabgestiegen ist in die Tiefe meines Menschseins. Und des Heiligen Geistes, der das Linke zum Rechten wendet.« In dieser Formel wird deutlich, was wir auch mit unserer kurzen westlichen Formel letztlich meinen: Der Vater prägt unser Denken. Er hat uns geschaffen, damit wir in seinem Namen in dieser Welt etwas schaffen, formen und bilden. Er hilft uns, damit wir diese Welt in seinem Geist gestalten. Der Sohn ist in unsere Menschlichkeit hinabgestiegen. Er hat Fleisch angenommen. Er geht mit uns. Er steigt mit uns hinab in die Tiefen unseres Unbewussten, um alles in uns mit seiner Liebe zu erfüllen und zuheilen. Der Heilige Geist ist der Verwandler und Versöhner. Er verwandelt das Dunkle in Licht, das Unbewusste in Bewusstes, das Aggressive in Liebe, das Chaos in Ordnung. Und er versöhnt die verschiedenen Bereiche in mir, die ich selbst nicht zusammenbringe. Er vereint das, was mich zerreißt. Er verbindet mich mit allem, was in mir ist. So macht er mich eins und ganz.

Lass den Segen Gottes in die Räume deiner Wohnung strömen. Gehe die einzelnen Räume durch: dein Schlafzimmer, dein Wohnzimmer, die Küche, das Arbeitszimmer, die Zimmer der Kinder. Der Segen Gottes vertreibt allen Ungeist und allen Zwist, der sich manchmal in den Räumen eingenistet hat. Der Segen Gottes erfüllt die Räume mit Liebe, mit Wärme und mit einer guten Atmosphäre.

Dann gehe weiter mit dem Segen Gottes in deinen Tag. Lass ihn zu den Menschen strömen, mit denen und für die du heute arbeiten wirst: zu deinen Arbeitskollegen, zu den Kunden, die zu dir kommen, auch zu den schwierigen Kunden, vor denen du am liebsten ausreißen möchtest. Hülle auch diese Menschen mit dem Segen Gottes ein. Dann wirst du ihnen heute anders begegnen.

Du kannst den Segen in die Räume einströmen lassen, in denen du arbeitest: in die Fabrik, in die Firma, in das Büro, in den Verkaufsraum. Dann hast du den ganzen Tag über das Gefühl, dass du nicht in die kalte und fremde Welt hineingehst. Du bewegst dich dann in gesegneten Räumen, in denen auch die Menschen, die dort arbeiten oder einkaufen, gesegnet sind.

Jesus fordert uns im Lukasevangelium (Lukas 6,28) auf, die Menschen zu segnen, die uns verfolgen oder die – wie man auch übersetzen kann – uns verfluchen und die schlecht über uns reden. Viele denken, das sei eine Überforderung. Aber versuch es einfach einmal. Überlege dir, mit wem du momentan Schwierigkeiten hast und wem du am liebsten aus dem Weg gehen möchtest. Dann lasse den Segen zu ihm strömen.

Wenn du den anderen segnest, dann bleibst du nicht in der Opferhaltung stecken. Du bleibst nicht passiv, sondern reagierst aktiv. Du sendest Gottes Segen und damit eine positive Energie zu diesem Menschen. Das tut dir auch selbst gut. Vielleicht fühlst du dich dann freier oder auch von Gottes Segen geschützt. Du bist nicht mehr das Opfer, das der andere verletzt hat. Du brauchst keine Angst vor seinen Sticheleien oder vor seinen fluchenden, verletzenden Worten zu haben. Du setzt Gottes positive Energie dagegen. Und die ist stärker als die negative Energie seiner Aggressionen.

Wenn du diesen Menschen segnest, kannst du ihm unbefangener begegnen. Er ist nicht dein Feind, sondern ein gesegneter Mensch. Und du vertraust darauf, dass der Segen ihn verwandelt und ihn aus seiner Härte und Kälte befreit, sodass Begegnung möglich wird.

Mit dem Kreuzzeichen hast du dich selbst gesegnet und den Segen Gottes in deinen Leib strömen lassen. Nun sollst du den Segen weitergeben, damit dein Tag ein gesegneter Tag wird, damit von dir heute Segen zu allen Menschen ausgeht, denen du begegnest.

Stelle dich aufrecht hin und erhebe die Hände zum Segen. Die Handflächen sind nach vorn gerichtet. Dann stelle dir vor, wie durch deine Hände Gottes Segen zu den Menschen strömt, mit denen du dich besonders verbunden fühlst: zu deinem Partner, zu deinen Kindern, zu deinen Eltern, Verwandten, Freunden. Stelle dir vor, dass der Segen Gottes zu diesen Menschen strömt und sie mit Gottes Liebe einhüllt wie ein wärmender Mantel. Er schützt sie vor aller Kälte, die ihnen von außen begegnet.

Mit dem Segen des Kreuzzeichens und mit dem Segen, den du in die Welt hineinschickst, wirst du gut in den Tag gehen. So wird dieser Tag ein gesegneter, ein angenehmer Tag werden. Du hast dann Vertrauen, dass alles, was du in die Hand nehmen wirst, Segen bringt. Und du wirst den gesegneten Menschen so begegnen, dass du selbst von ihnen Segen empfängst.

Eine Kerze entzünden

Beginne den Tag, indem du eine Kerze anzündest. Zünde sie bewusst an. Und dann betrachte die Kerze und das warme Licht, das von ihr ausgeht. Stelle dir vor, dass dieses Licht alle Dunkelheit aus dir vertreibt. Die Wärme, die von der Kerze ausgeht, will alle Kälte aus deinem Herzen verbannen. Und sie will diese Wärme auch in die Welt hineintragen, die dich in der Arbeit empfangen wird.

Du kannst dir beim Anzünden Worte aus der Bibel langsam vorsagen. Beispielsweise aus dem Propheten Jesaja: »Mache dich auf. Und werde Licht. Denn dein Licht kommt. Und die Herrlichkeit des Herrn geht auf über dir« (Jesaja 60,1). Dann ist die brennende Kerze nicht nur ein einfaches Licht, sondern in ihrem Licht geht dir die Herrlichkeit Gottes selbst auf.

Oder du kannst den weihnachtlichen Text aus Jesaja laut sagen: »Das Volk, das im Dunkel lebt, sieht ein helles Licht. Über denen, die im Land der Finsternis wohnen, strahlt ein Licht auf« (Jesaja 9,1). Indem du dieses Wort laut in das Licht der Kerze hinein sprichst, erlebst du, dass alle Dunkelheit aus deinem Herzen verschwindet. Und auch die Welt mit ihrer Finsternis, die dir in den Nachrichten täglich begegnet, verwandelt sich. Du kannst sie voller Hoffnung anschauen.

Oder sag laut die Worte Jesu vor dich hin: »Ich bin das Licht der Welt. Wer mir nachfolgt, wandelt nicht in Finsternis, sondern hat das Licht des Lebens« (Johannes 8,12). Dann erfährst du in der Kerze Jesus selbst, der jetzt in deinem Zimmer gegenwärtig ist und dein Herz mit seinem Licht erfüllen möchte.

Betrachte das Geheimnis der Kerze: Das Licht der Kerze entsteht, indem das Wachs verbrennt. Dies ist ein Bild für eine Liebe, die sich verzehrt. Die Kerze kann sich verzehren, weil genügend Wachs vorhanden ist. Sie braucht nicht zu sparen. Aber manchmal muss man den Docht zurecht schneiden. Sonst wird die Flamme zu hoch und rußt das Zimmer ein.

Es gibt auch eine Liebe, die zu laut ist und in der man sich zu sehr verausgabt. Sie tut dann nicht nur mir, sondern auch dem anderen nicht gut. Der andere spürt den Ruß in der Liebe: die Nebenabsichten, das zu sehr Gewollte und Gemachte, das den anderen nicht erhellt, sondern eher einrußt.

Die Kerze besteht aus zwei Elementen. Das eine Element ist die Flamme, die das Geistige symbolisiert, da sie zum Himmel emporsteigt. Von Mönchen wird erzählt, dass ihre Finger beim Beten zu Feuer wurden. So ist die brennende Kerze ein Bild für unser Beten. Es ist ein beliebter Brauch, dass Pilger an Wallfahrtsorten Kerzen entzünden und sie auf den Altar oder vor eine Marienstatue stellen. Sie drücken damit aus, dass ihr Gebet weitergeht, solange die Kerze brennt. Und sie hoffen, dass durch ihr Gebet Licht in ihr eigenes Leben kommt und in das Herz jener Menschen, für die sie diese Kerze anzünden.

Das andere Element der Kerze ist das Wachs, das verzehrt wird. Für die frühe Kirche war daher die Kerze ein Symbol für Christus, der zugleich Gott und Mensch ist. Das Wachs ist Bild für seine menschliche Natur, die für uns verzehrt wurde, da er sich aus Liebe für uns hingab. Die Flamme der Kerze steht für Christi Göttlichkeit.

Wenn du so die Kerze betrachtest – mit den Augen der Tradition, mit den Augen vieler Menschen vor dir, für die die Kerze ein Geheimnis war –, dann geht dir etwas ganz Wesentliches über dich selbst und über Jesus Christus auf. Die Kerze zeigt das Geheimnis der Menschwerdung. Gottes Licht leuchtet in Jesus auf, der Mensch geworden ist Aber die Kerze ist auch ein Bild für unsere eigene Menschwerdung. Gottes Licht will auch in meinem Leib aufleuchten. Ich bin wie der brennende Dornbusch. Ich bin wertlos, übersehen und vertrocknet. Doch zugleich leuchtet Gottes Herrlichkeit in mir auf. Ich brenne, ohne zu verbrennen. Das ist das Geheimnis des Dornbusches.

Die Kerze sagt noch etwas anderes. Ich brenne auch für die anderen. Ich brenne, wenn ich mich für andere hingebe. Ich brauche mich auf, so wie das Wachs der Kerze sich aufbraucht, indem diese uns Licht und Wärme schenkt.

Unsere Hingabe hat immer zwei Aspekte. Wir geben, was wir empfangen. Wir lassen das weiterströmen, was in der Quelle göttlicher Liebe in uns aufsprudelt. In diesem Sinn können wir immer hingeben, ohne schwächer zu werden. Denn die Quelle in uns ist unerschöpflich, weil sie göttlich ist. Aber es gibt auch den anderen Aspekt. Ich brauche mich auf, so wie das Wachs der Kerze sich aufbraucht. Wenn ich behutsam mit der Kerze umgehe, brennt sie länger. Aber irgendwann wird die Kerze erlöschen. Wir sagen manchmal zu einem Menschen, der sich zu sehr verausgabt, er dürfe seine Kerze nicht an beiden Enden anzünden. Sonst verbrennt seine Kerze zu schnell. Unsere Kräfte sind auch begrenzt. Wir sind nicht Gott, der aus der Unendlichkeit und dem Vollen schöpfen kann. Wir sind Menschen. Durch uns und in uns möchte Gottes Licht für die Menschen aufstrahlen. Aber dabei verbrennt auch unser Wachs. Unsere Kerze wird langsam kleiner. Und irgendwann wird die Kerze erlöschen. So erinnert sie uns an unsere Endlichkeit und an unseren Tod. Aber im Tod wird unser Leben auf neue Weise erstrahlen. Dann werden wir in Christus für immer zum Licht für andere.

Dem eigenen Schutzengel nachspüren

Gott – so sagen uns die Kirchenväter in Auslegung des Jesuswortes in Matthäus 18,10 – hat uns mit unserer Geburt einen Engel zur Seite gestellt. Dieser Engel begleitet uns auf unserem Weg, er behütet und beschützt uns und trägt uns beim Sterben über die Schwelle des Todes in Gottes Arme hinein.

Engel sind geistige geschaffene Wesen und personale Mächte. Sie sind keine Personen, die man nebeneinanderstellen und abzählen könnte. Sie sind Boten, die Gott uns schickt, damit wir seine heilende Nähe erfahren dürfen. Der Engel, den Gott uns zur Seite gestellt hat, bringt uns in Berührung mit all den Fähigkeiten, die Gott in unsere Seele hineingelegt hat. Er ist der Seelenbegleiter, der in uns das Potenzial unserer Seele eröffnet.

Stelle dir vor, dass dein Schutzengel dich auf all deinen Wegen begleitet. Er ist keine Garantie dafür, dass dir nie körperlich etwas passieren wird, aber er schützt ganz bestimmt deinen inneren Kern. Er begleitet dich auf deinen Wegen, auch wenn du manchmal Umwege oder Irrwege gehst. Er hält dich aus, auch wenn du dich selbst nicht aushältst. Er ist dein innerer Begleiter.

Stell dir vor, dass dein Schutzengel mit dir geht, wenn du aus dem Haus gehst, wenn du mit dem Auto fährst oder wenn du eine weite Reise machst. Bitte deinen Schutzengel, dass er dir beisteht, wenn du in eine schwierige Sitzung gehst.

Du kannst entweder selbst deinen Schutzengel bitten, dir die richtigen Worte einzugeben, oder du kannst Gott bitten, dass er dir in diesem Gespräch jene Worte schenken möge, die das Gespräch in eine gute Richtung lenken. Und du kannst dir beim Gespräch vorstellen, dass du nicht allein bist, sondern dass dein Engel bei dir ist.

Du siehst deinen Engel nicht. Der Engel kommt von Gott. Gott schickt ihn. Aber im Engel begleitet dich Gottes heilende Nähe. Dein Engel ist immer ein schützender Engel. Er schützt dich vor der manchmal bedrängenden Nähe von unangenehmen oder feindlich gesinnten Menschen. Er schützt dich vor ihren Aggressionen, vor ihren destruktiven Tendenzen, vor ihren kränkenden Worten. Stelle dir vor, dass dein Engel dich gleichsam in einen schützenden Mantel hüllt, an dem all die verletzenden Impulse von außen abprallen und unter den die Kälte, die dir manchmal entgegenströmt, nicht kriechen kann.

Dein Engel ist Bote Gottes. Gott lässt dich in keinem Augenblick allein. Er schickt dir einen Boten. Dieser Bote kann ein innerer Impuls sein, eine innere Gewissheit oder auch die Erfahrung von Getragen- und Behütetsein. Dieser Bote ist dein Engel, den Gott dir zur Seite stellt. Dein Engel zeigt dir, dass Gott ein menschenfreundlicher Gott ist, ein Gott, der in alle Situationen deines Lebens mit dir geht.

Wenn du mit diesem Bewusstsein heute in den Tag gehst, wirst du behutsamer gehen. Du wirst achtsamer auf deine Seele hören. Du wirst jede Situation in einem neuen Licht sehen. Du bist nicht allein. Und die Menschen, denen du begegnest, sind nicht allein. Auch sie haben ihre Schutzengel. Auch sie sind von Gottes Liebe umgeben. Auch ihnen hat Gott einen Engel zur Seite gestellt. Wenn du dir das konkret vorstellst, dann werden deine Begegnungen anders und deine Sitzungen bekommen eine andere Färbung. Auf deinen Fahrten bist du nicht allein, sondern behütet und beschützt von deinem Schutzengel. Das entlastet dich von aller Verkrampfung und befreit dich von der Angst, es könnte dir etwas Unangenehmes widerfahren. Und es macht dich zugleich achtsamer.

Achtsam handeln

Benedikt von Nursia stellt für den Cellerar, den wirtschaftlichen Leiter des Klosters, folgende Regel auf: »Alle Geräte und den ganzen Besitz des Klosters betrachte er als heiliges Altargerät« (Regel

Benedikts 31,10). Diese Achtsamkeit ist ein wichtiges Thema. Geistliche Autoren aller Religionen schreiben heute über die Achtsamkeit.

Übe heute diese Achtsamkeit – gerade bei deiner Arbeit. Wenn du deinen Kugelschreiber in die Hand nimmst, um zu schreiben, achte darauf, was du tust. Du nimmst ein Gerät, das dir hilft, zu schreiben. Sei dann ganz beim Schreiben. Beim Schreiben entstehen Worte. Dies sollen nicht einfach leere Worte sein, sondern Worte, die Leben spenden. Wenn du deinen Computer öffnest, gehe achtsam mit ihm um. Er erleichtert dir die Arbeit. Auch wenn er ein technisches Gerät ist, so zeigt er dir etwas von der Weisheit Gottes, die in ihn hineingelegt wurde. Wenn du die Programme deines Computers nützt, dann tu es achtsam. Sei dankbar für die vielen Möglichkeiten, die dir der Computer bietet.

Wenn dein Telefon klingelt, dann greife achtsam nach dem Hörer. Tu es nicht nebenbei. Höre dabei auf zu arbeiten. Stell dich auf den Menschen ein, der dich anruft und mit dem du jetzt sprichst. Auch wenn du ihn nicht siehst, hörst du seine Stimme. Und er hört dich. Er spürt, ob du ihm aufmerksam zuhörst und dich auf ihn einlässt oder ob du ihn voller Ungeduld drängst, endlich aufzuhören.

Wenn es an deiner Tür klopft, achte auf den, der eintritt. Stelle dich auf ihn ein. Schließe die Tür der Arbeit, die du gerade gemacht hast. Öffne deine innere Tür für den Eintretenden, damit du ganz im Augenblick bist und dich auf ihn einlassen kannst. Dann wird die Begegnung gelingen. Wenn du aus deinem Arbeitszimmer gehst, achte auf deine Schritte. Du gehst dich jetzt frei von allen Anstrengungen und Sorgen. Du bist ganz im Gehen. Und wenn du die Tür öffnest, um wieder in dein Zimmer zu treten, dann tue es achtsam. Die Tür möge auch dein Herz öffnen, damit du dich wieder ganz der Arbeit zuwenden kannst.

Das Ritual der Achtsamkeit ist ein Ritual, das du den ganzen Tag über einüben kannst. Aber dennoch ist es eine Hilfe, wenn du den Morgen mit einer Meditation der Achtsamkeit beginnst:

Setze dich dabei ruhig hin und achte nur auf den einen Augenblick und auf das, was in diesem Augenblick geschieht. Du atmest ein und atmest aus. Du bist ganz im Augenblick. Wenn du den Morgen mit diesem Ritual der Achtsamkeit beginnst, dann wirst du dieses Ritual auch tagsüber fortsetzen können. Alles, was du berührst – deinen Kugelschreiber, deinen Computer, den Hammer, mit dem du einen Nagel einschlägst, die Schere, mit der du etwas schneidest, die Tür, deinen Aktenkoffer, deine Bücher und Zettel –, berührst du achtsam und behutsam. Du bist in Beziehung zu dem, was du berührst und was du tust. Du wirst erfahren, dass dir die Achtsamkeit guttut und dass sie deinem Alltag ein neues Gepräge gibt.

Deine Beziehung zu Gott wird in alles konkrete Tun hineinfließen. Denn in allem, was du berührst, betastest du letztlich einen Zipfel Gottes. Der Apostel Paulus hatte das vor Augen, als er den griechischen Philosophen auf dem Areopag sagte: »Sie sollten Gott suchen, ob sie ihn ertasten und finden könnten; denn keinem von uns ist er ferne. Denn in ihm leben wir, bewegen wir uns und sind wir, wie auch einige von euren Dichtern gesagt haben« (Apostelgeschichte 17,27–28).

Die Menschen können Gott in allen Dingen finden. Wenn sie achtsam leben, betasten sie Gott in allem, was ist. Sie berühren in allen Geschöpfen den Schöpfer. Gott ist uns nicht fern. Er ist in allem, was ist.

Altes begraben

An jedem Samstag erinnern wir uns an den Karsamstag, an dem Christus im Grab lag. Wenn wir von einem Grab träumen, dann ist das immer eine Einladung, etwas Altes zu begraben. So möchte ich dich einladen zum Ritual des Begrabens.

Überlege dir, was du begraben möchtest: welchen Konflikt, welche Vorurteile, welche alten Verletzungen, welche Vorwürfe gegenüber anderen? Dann schreibe alles auf, was du begraben möchtest. Fange einfach an zu schreiben, ohne dass du an irgendeine Ordnung denkst.

Du wirst sehen, dass vieles in dir hochkommt, was du begraben möchtest. Da kommen alte Kränkungen hoch. Wenn du an diese Kränkungen denkst, bist du ganz in der Vergangenheit. Du fühlst dich gekränkt. Oder du spürst: Vieles ist unerledigt. Ich habe manches nicht aufgearbeitet aus der Vergangenheit: mein Nicht-verstanden-Werden in der Familie oder im Freundeskreis, meine ungerechte Behandlung in der Firma, das Scheitern einer Beziehung, das Verlassenwerden, die Trauer um den Tod lieber Menschen ...

Schreibe alles auf, was da in dir an Unerledigtem und Ballast hochkommt, den du mit dir herumschleppst. Nimm dir zwanzig Minuten Zeit, um alles aufzuschreiben. Dann lies dir das Geschriebene nochmals durch. Suche dir einen Platz in deinem Garten oder in einem Wald in deiner Nähe. Und grabe mit einer kleinen Schaufel ein Loch, in das du den zusammengeknüllten Zettel vergräbst. Dann wirf wieder Erde hinein. Wenn du möchtest, kannst du an diesem Platz auch etwas pflanzen, was dich an das Vergrabene erinnert. Die Dinge, die begraben sind, werden zum Dünger für etwas Neues, das in dir aufblühen möchte.

Du kannst den Zettel, auf dem du alles Vergangene aufgeschrieben hast, auch verbrennen und dann die Asche eingraben oder mit der Asche einen Baum, einen Strauch oder eine Blume düngen. Dann bleibe noch etwas an der Stelle stehen und sage dir: Ja, ich habe alles begraben. Ich möchte es nicht mehr ausgraben. Ich lasse es dort. Auch wenn es wieder einmal in mir hochkommen sollte, ich werde mich nicht mehr darum kümmern. Ich habe es begraben und lasse es begraben sein. Und ich vertraue, dass Christus auch aus meinem Grab aufersteht, dass er mich an die Hand nimmt und mich aufrichtet, damit ich teilhabe an seiner Auferstehung.

Eine andere Weise, das Ritual des Begrabens zu begehen, ist eine Gebärde, in der du die Hände zunächst in Form der Schale vor dich hinhältst. Du schaust dabei nochmals dein Leben an, mit allem, was dich verletzt hat. Du schaust nun deine »Handwunden« an, mit denen dich jemand auf ein bestimmtes Bild festgenagelt hat oder mit denen dich jemand festgeklammert und nicht losgelassen hat. Deine Handwunden resultieren auch aus Situationen, in denen jemand dich geschlagen hat, aber auch in denen jemand dir die helfende und schützende Hand entzogen und dich fallen gelassen hat.

Dann drehe deine Hände nach unten, sodass die Handflächen nach unten weisen. Stelle dir in dieser Gebärde vor: Ich lasse los, was mich belastet. Ich lasse die Verletzungen meiner Vergangenheit los. Ich verzichte darauf, sie als Vorwurf gegen andere oder als Vorwand zu benutzen, nicht selbst zu leben. Ich lasse in dieser Handbewegung auch meine Lebensmuster los, die mich am Leben hindern: meinen Perfektionismus, meine Tendenz, immer die Schuld bei mir zu suchen. Ich lasse meine Selbstvorwürfe, meine Selbstbeschuldigungen und Selbstzerfleischungen los. Ich begrabe alles, was mich am Leben hindert. Ich begrabe es im Grab Jesu Christi, damit er es in seiner Auferstehung verwandelt und auch mich als neuen Menschen aufstehen lässt.

Abendritual:
Alles umarmen

Rituale schließen eine Tür und öffnen eine Tür. Das Morgenritual öffnet die Tür, damit der Tag ein gesegneter Tag werden kann. Das Abendritual hat die Aufgabe, die Tür des Tages zuschließen, damit die Tür zur Nacht aufgehen kann.

Die Nacht ist für die frühen Mönche immer etwas Heiliges. Sie achten die Stille der Nacht. Denn in der Stille der Nacht möchte Gott im Traum zu ihnen sprechen. Und die Stille der Nacht ist der Ort, an dem Gott unser Herz berühren will.

Ein schönes Abendritual ist daher, die Tür des Tages zu schließen, indem ich die Hände über der Brust kreuze. Diese Gebärde hat verschiedene Bedeutungen. Wenn du die Gebärde machst, sollst du nicht alle Bedeutungen zugleich meditieren, sondern dich für eine Bedeutung entscheiden.

Die Arme über der Brust zu kreuzen erinnert an das Kreuz Jesu Christi. Die Kreuzgebärde ist letztlich eine Gebärde der Umarmung. Jesus sagt im Johannesevangelium: »Und ich, wenn ich über die Erde erhöht bin, werde alle zu mir ziehen.« (Johannes 12,32) Am Kreuz umarmt uns Jesus. Er umarmt alle Gegensätze in uns. Er umarmt auch das Verletzte, Kranke, Leidende in uns.

Die Kreuzgebärde ist ein Ausdruck der Liebe, mit der uns Jesus am Kreuz bis zur Vollendung geliebt hat. Die Umarmung Jesu am Kreuz übernehme ich, indem ich die Hände über der Brust kreuze. Ich umarme mich selbst, weil Christus am Kreuz mich umarmt hat.

Vier Weisen, diese Umarmung zu deuten, möchte ich dir beschreiben:

1. Die Umarmung der Gegensätze

Weil Christus am Kreuz mich mit meinen Gegensätzen umarmt hat, umarme ich in mir alles Gegensätzliche. Ich umarme in mir das Starke und Schwache, das Gesunde und Kranke, das Heile und Zerbrochene, das Gelungene und Misslungene, das Gelebte und Ungelebte, das Lebendige und Erstarrte, das Erfüllte und das Unerfüllte, das Vertrauen und die Angst, die Freude und die Trauer, die Hoffnung und die Verzweiflung, das Bewusste und Unbewusste, das Lichte und das Dunkle. Indem ich alles Gegensätzliche in mir umarme, nehme ich mich selbst an, mit allem, was in mir ist. Und ich verabschiede mich von der Illusion, nur stark, nur gesund, nur fromm zu sein.

Das Verdrängen unserer Gegensätze und das Festhalten an unseren Illusionen machen uns krank. Indem wir uns mit unseren Gegensätzen annehmen, weil wir von Christus angenommen sind, werden wir heil und ganz, gesund und innerlich frei. Wir brauchen nichts mehr zu verdrängen. Alles in uns darf sein, weil alles in uns von der Liebe Christi am Kreuz umarmt ist.

2. Die Umarmung des verletzten Kindes

Wir alle haben in uns ein kleines Kind. Es schreit oft auf, wenn wir verletzt werden. Das verlassene Kind schreit auf, wenn es um Abschied geht oder wenn wir Angst haben, dass uns ein lieber Mensch verlassen könnte. Das übersehene Kind meldet sich, wenn wir heute von unserem Chef oder vom Ehepartner übersehen werden. Aber wir sind nicht nur verletzte Kinder.

Wir sind auch väterliche und mütterliche Menschen. Und als Väter und Mütter haben wir Verantwortung für das verletzte Kind in uns. Wir sollen für es sorgen. In der abendlichen Gebärde umarmen wir das verletzte Kind in uns.

So stell dir vor: Du umarmst in dir das verlassene Kind, das übersehene Kind, das lächerlich gemachte Kind, das entwertete Kind, das zu kurz gekommene Kind, das überforderte Kind, das hilflose Kind, das vernachlässigte Kind, das beschämte Kind, das geschlagene Kind, das abgelehnte Kind. Und du lässt dich vom verletzten Kind zum göttlichen Kind in dir führen.

In jedem von uns ist auch das göttliche Kind. Es weiß genau, was für uns gut ist. Es steht für das ursprüngliche und unverfälschte Bild von uns selbst, das Gott in uns hineingelegt hat. Das göttliche Kind führt mich in den inneren Raum der Stille, indem ich mit dem einzigartigen, unverletzten, unverstellten Bild in Berührung komme, das Gott sich von mir gemacht hat, es zeigt mir den ungetrübten Glanz Gottes in mir. Das göttliche Kind führt mich in den Raum der Stille, in dem ich mich frei, heil und ganz, ursprünglich und authentisch, rein und klar und daheim erleben darf.

Indem ich das verletzte Kind umarme und mich von ihm zum göttlichen Kind in mir führen lasse, werde ich ruhig. Das verletzte Kind schreit in mir dann nicht mehr auf. Es kommt in meinen bergenden Händen zur Ruhe. Und das göttliche Kind lässt mich dankbar sein für mein Leben, das trotz aller Kränkungen heil und ganz, einmalig und wertvoll ist.

3. Die Umarmung des vergangenen Tages

Ich um arme all das, was ich heute erlebt habe. Und ich verzichte darauf, das, was war, zu bewerten. Ich lasse alles von Christus umarmen und umarme es auch selbst: Ich umarme die Begegnungen, die mich beschenkt oder die mich verletzt haben, meine angemessenen und meine unangemessenen Reaktionen, meine Erfolge und meine Niederlagen, meine Ruhe und meine Unruhe, was ich erledigen konnte und was ich aufgeschoben habe, das gute Miteinander und die Konflikte. Ich umarme diesen Tag und übergebe ihn Gott.

4. Sich in Gottes Arme bergen

Die Gebärde der Umarmung erinnert mich auch daran, dass ich mich in der Nacht in Gottes gute Hände fallen lasse. Ich stelle mir vor, dass ich in dieser Nacht in Gottes guten Händen bin. Diese Hände tragen mich. Ich bin in ihnen geborgen, gehalten und geliebt. Ich muss mich nicht beweisen. Ich kann mich loslassen. Ich kann alle Sorgen und Ängste loslassen, um mich in Gottes mütterlichen Händen zu bergen.

Gottes Hände sind aber auch umarmende Hände. So wie ich mich jetzt umarme, so wird mich Gott in dieser Nacht umarmen. Seine Hände werden mich schützen und behüten und sie werden mich liebevoll umschlingen.

Ganz gleich welche der vier Bedeutungen ich meditiert habe, ich schließe dieses Abendritual mit einem alten kirchlichen Abendsegen ab, der schon 1600 Jahre alt ist. Gerade diese alten Worte vermögen mich auch heute noch zu berühren: Es sind Worte mütterlicher Zärtlichkeit. Segen ist immer auch Gottes mütterliche Zuwendung zu uns.

So spreche ich ganz langsam:

»Herr, kehre ein in dieses Haus, und lass deine heiligen Engel darin wohnen. Sie mögen uns in Frieden behüten. Und dein heiliger Segen sei allezeit über uns, und um uns, und in uns. Darum bitten wir durch Christus unserem Herrn. Amen.«

Textnachweis

Die Texte der Kapitel entstammen – zum Teil gekürzt – aus folgenden Büchern von Anselm Grün:

Spiritualität

Sich begegnen - Gott begegnen

»Spiritualität von unten«, S. 7–12; 94–96; 98–100

Im Alltag Gott erfahren

»Spiritualität – damit mein Leben gelingt«, S. 46–49; 53–54; 58–65

Lebenskunst

Den Schatz in sich selbst entdecken

»Entdecke das Heilige in dir«, S. 8–11; 37–47

»Auf der Suche nach dem inneren Gold«, S. 19–23; 31–39; 55–58

Sich vergeben lernen

»Vergib dir selbst«, S. 41–56

Heil werden

»Jesus als Therapeut«, S. 91–96; 103–106

Gelassenheit finden

»Die hohe Kunst des Älterwerdens«, S. 49–56; 95–105

Nimm dein Leben in die Hand! – Praktische Ideen für den Alltag

Dieses Buch ist auch als Hörbuch erhältlich

Spiritualität und Lebenskunst

Anselm Grün begegnen

Herausgegeben von Marlene Fritsch

Gelesen von Herbert Schäfer und Anselm Grün

Autorisierte Lesefassung

ca. 3 CDs • ISBN 978-3-8398-8188-0 (Argon Verlag)